Rudolf Wutscher

Berg- und Talwanderungen rund um Saalbach und Zell am See

Auswahlführer für den Pinzgau und das Glemmtal

Mit 53 Farbfotos und
50 Freytag & Berndt-Wanderkärtchen
im Maßstab 1:50000

BERGVERLAG RUDOLF ROTHER GMBH · MÜNCHEN

Umschlagbild:
Kleiner See am Kuhkaser – im Hintergrund die Venedigergruppe.
Foto: Siegfried Garnweidner

Bild gegenüber dem Titel (Seite 2):
Schmuckes Bauernhaus am Wegesrand.
Foto: Sepp Brandl

Bildnachweis (Seitenzahlen):
Georg Bleier 43, 45, 47, 53, 59, 65, 69; Siegfried Garnweidner 67;
Ernst Höhne 11, 115; Herbert Mayr 117; Rudolf Wutscher 25, 29, 31,
51, 57; alle übrigen Bilder stammen von Sepp Brandl.

Kartographie:
Wanderkärtchen im Maßstab 1:50 000, 1:100 000 und 1:250 000
© Freytag/Berndt, Wien

Die Ausarbeitung aller in diesem Führer beschriebenen Anstiege und
Routen erfolgte nach bestem Wissen und Gewissen des Autors.
Die Benützung dieses Führers geschieht auf eigenes Risiko.
Soweit gesetzlich zulässig, wird eine Haftung für etwaige Unfälle
und Schäden jeder Art aus keinem Rechtsgrund übernommen.

Alle Rechte vorbehalten
© Bergverlag Rudolf Rother GmbH, München
1. Auflage 1992

ISBN 3-7633-4082-3

Gesamtherstellung Rother Druck GmbH, München
(2287/1858)

VORWORT

Der Mehrheit der Leser dürfte das Gebiet um Saalbach/Hinterglemm und Zell am See bereits hinreichend bekannt sein als eine der bedeutendsten Wintersportregionen unserer Alpen, spätestens seit der Skiweltmeisterschaft im Frühjahr 1991.

Im Sommer ist das Gebiet etwas ruhiger. Die meisten Lifte stehen still, die Berge begeben sich in ihren wohlverdienten „Sommerschlaf" und erholen sich vom Pistenrummel. In dieser Zeit kann der Wanderer viele interessante Ziele entdecken, nicht nur bezüglich der landschaftlichen Schönheit: Hier, am Ostrand der Kitzbüheler Alpen, erreichen die grandiosen Aussichtsberge rund um die Schmittenhöhe und das Kitzbüheler Horn einen unerreichten Kontrastreichtum. Eingezwängt zwischen die Gletscherwelt der Tauern im Süden und die Kalkriffe der Nördlichen Kalkalpen im Norden entfaltet sich das Gelände zu einer harmonischen Einheit aus Wäldern, Wiesen und Almmatten – ein Dorado für Wandersleute, die gemütliche Wanderwege, urige Hütten und sanfte Bergformen den knifflIgen Felspassagen vorziehen. Eine weitere Attraktion des Gebiets sind die traditionsreichen Wanderwege in mittleren Höhenlagen, die einen Einblick in die 4000 Jahre alte Kulturlandschaft des Pinzgaus geben. Bereichert und ergänzt wird das „erwanderbare Erlebnis" durch die Pinzgauer Lokalbahn, die Aufstiegshilfen von Saalbach und Zell am See sowie den ausgezeichnet markierten „Pinzgauer Radwanderweg".

Aus dem reichen Tourenangebot werden im vorliegenden Führer 50 Wanderungen und Spaziergänge vorgestellt. Sie sind alle unschwierig und können in der Regel auch von weniger geübten Bergfreunden, von Kindern und älteren Leuten unternommen werden.

Ich wünsche allen Lesern recht viele sonnige Erlebnistage in diesem wunderbaren Urlaubs- und Wanderparadies.

Telfs, im Sommer 1992 Rudolf Wutscher

Inhaltsverzeichnis

Seite

Vorwort 5
Touristische Hinweise 8
Landschaft und Geschichte 10
Die Orte der Region 12

Die Wanderungen
 1 Seerundwanderung 18
 2 Schmittental 20
 3 Nikolaus-Gaßner-Promenade 22
 4 Schmittenhöhe 24
 5 Talwanderung Kaprun 26
 6 Rund um den Breiterkopf 28
 7 Rundwanderung am Südende des Sees 30
 8 Thumersbacher Kammweg 32
 9 Schwalbenwand 34
10 Maishofener Höhenweg 36
11 Neunbrünner Höhenweg 38
12 Höhenpromenade 40
13 Pinzgauer Spaziergang 42
14 Pinzgauer Hütte – Piesendorf 44
15 Piesendorfer Hochsonnberg 46
16 Sonnbergalm 48
17 Viertalalm 50
18 Manlitzkogel 52
19 Bürglhütte 54
20 Rescheskogel 56
21 Gaißstein 58
22 Schusterkogel 60
23 Mittagskogel 62
24 Bochumer Hüttel 64
25 Gamshag – Tristkogel 66
26 Staffkogel 68
27 Spieleckkogel und Sonnspitze 70
28 Reichendlkopf, Hochalmspitze und Kastelstein 72
29 Reiterkogel 74
30 Spielberghaus 76
31 Spielberghorn 78
32 Bürglkopf und Bernkogel 80
33/34 Saalachtaler Höhenweg 82
35 Salersbachköpfl 86

36 Sausteigen 88
37 Schönangerl 90
38 Weikersbacherköpfl 92
39 Hecherhütte 94
40 Sonnseitpromenade 96
41 Limbergalm 98
42 Saalbachkogel 100
43 Hohe Penhab 102
44 Panoramaweg 104
45 Alexander-Enzinger-Weg 106
46 Gleiwitzer Hütte 108
47 Imbachhorn 110
48 Pinzgauer Talwanderung 112
49 Rudolfshütte 114
50 Pinzgauer Radwanderung 116

Stichwortverzeichnis 119

Touristische Hinweise

Zum Gebrauch des Führers
Das Inhaltsverzeichnis informiert über den Aufbau des Führers und gibt einen Überblick über alle nachstehend beschriebenen Wanderungen. Innerhalb eines Tourenvorschlags finden sich alle wichtigen Informationen, zunächst in Form eines Steckbriefes. Es folgt eine kurze Charakterisierung der Wanderung sowie die genaue Wegbeschreibung, die durch eine mehrfarbige Wanderkarte mit eingezeichneter Route ergänzt wird. Wichtiger Bestandteil des Führers ist das Stichwortverzeichnis. Hier sind alle vorkommenden Berggruppen, Talorte, Ausgangspunkte, Stützpunkte und Tourenziele alphabetisch aufgelistet. Eine Übersichtskarte auf der letzten Umschlagseite informiert über die Lage der einzelnen Tourenvorschläge.

Gefahren
Obwohl die meisten der hier vorgeschlagenen Wanderungen gebahnten und markierten Wegen folgen, ist an einzelnen abrutschgefährdeten Stellen, bei Querung steiler Hänge oder in steinschlaggefährdetem Gelände Vorsicht angesagt! Zudem sollte man über die wesentlichsten Verhaltensregeln bei Gewittern oder Nebeleinbruch Bescheid wissen. Um diese Gefahrenmomente zu meiden, sollte man sich vor dem Antritt einer Wanderung über die örtliche Wetterlage informieren. Beim Wetteramt Innsbruck ist zu diesem Zweck ein Informationsdienst eingerichtet, der unter folgenden Telefonnummern zu erreichen ist:
05 12 / 15 67 (Telefonbanddienst) oder
05 12 / 89 16 00 (persönliche Beratung)

Ausrüstung
Feste Schuhe mit entsprechender Profilsohle, strapazierfähige Kleidung, Anorak, Wärmebekleidung, Regenschutz sowie ein Rucksack mit Tourenproviant (Trinkflasche) sollten selbstverständlich sein.

Karten
Die den einzelnen Wandervorschlägen beigegebenen mehrfarbigen Karten mit eingezeichneter Route sind ein wesentlicher Bestandteil des Führers und erübrigen in der Regel die Mitnahme weiterer Karten. Wer sich dennoch umfassender informieren will, dem sei folgende Karte empfohlen: Freytag & Berndt Wanderkarte 382 Zell am See – Kaprun – Saalbach, 1:50 000.

Gehzeit
Den Zeitangaben ist als Maß eine durchschnittliche Steigleistung von 400

Höhenmetern pro Stunde zu Grunde gelegt. Dies ist in der Regel reichlich bemessen. Es handelt sich bei diesen Angaben allerdings um die reine Gehzeit, notwendige Pausen sind also nicht berücksichtigt.

Anforderungen
Die meisten Wanderungen verlaufen auf gut instand gehaltenen und markierten Steigen und Wegen. Dies sollte jedoch nicht darüber hinwegtäuschen, daß manche Stellen Trittsicherheit und Schwindelfreiheit erfordern. Außerdem ist zu beachten, daß Touren im Frühsommer und nach längeren Schlechtwetterperioden erhöhte Anforderungen aufweisen können.
Um die jeweiligen Anforderungen besser einschätzen zu können, wurden die Tourenvorschläge mit verschiedenen Farben markiert. Diese Farben erklären sich wie folgt:

BLAU
Hierbei handelt es sich um ausreichend breite, mäßig steile, gut und lückenlos markierte Wege, die sich überwiegend in Tallagen und Almregionen unterhalb 1800 Meter bewegen. Sie sind auch bei unsicherem Wetter relativ gefahrlos zu begehen und damit bestens geeignet für Kinder und Senioren. Die Gesamtgehzeit beträgt höchstens 4 Stunden.

ROT
Diese Wege sind ausreichend markiert, teilweise aber bereits schmal und recht steil angelegt; sie bewegen sich meist in Höhenlagen unter 2500 Meter und sollten nur von erfahrenen, mit entsprechender Ausrüstung ausgestatteten Wanderern angegangen werden. Rote Tourenvorschläge bieten tagesfüllende Unternehmungen.

SCHWARZ
Diese Steige sind ebenfalls ausreichend markiert, überwiegend aber schmal und über weite Abschnitte steil angelegt. Sie können sich auch in hochalpinen Höhenlagen über 2500 Meter bewegen.
Stellenweise können sie sehr ausgesetzt sein, manchmal wird die Zuhilfenahme der Hände notwendig. Dies bedeutet, daß diese Wege nur von absolut trittsicheren, konditionsstarken, alpin erfahrenen und entsprechend ausgerüsteten Wanderern begangen werden sollten. Die Gesamtgehzeit kann auch über 7 Stunden betragen.

Diese Einteilung bezieht sich auf Wege in trockenem und gutem Zustand. Über die momentanen Verhältnisse sollten in den jeweiligen Talorten bzw. bei den Hüttenwirten Erkundigungen eingeholt werden.

Landschaft und Geschichte

Die Landschaft der östlichen Kitzbüheler Alpen ist geprägt durch die sanften, abgerundeten Gipfelformen. Entstanden sind diese Formen zum Großteil durch die Schleifwirkung eiszeitlicher Gletscher. – Nur wenige Gipfel ragten aus diesem ehemaligen Gletscherstrom, so z. B. Zirmkogel, Hoch- und Manlitzkogel, Gaißstein, Gamshag, Schuster-, Trist- und Staffkogel. Sie zeichnen sich deshalb durch ihren schrofigeren Gipfelaufbau aus.
Interessant ist auch der geologische Aufbau der Gruppen um das Glemmertal. Bestehen die meisten Gipfel aus Schiefergestein, welches sich unter dem Meer gebildet hat und durch die Hebung des Meeresboden an die Oberfläche kam, so besteht beispielsweise der Gaißstein aus viel härterem Diabasgestein, welches seinen Ursprung in einer vulkanischen Tätigkeit hat und auch viel widerstandsfähiger als Schieferfelsen ist.
So beherrschen runde Formen das Landschaftsbild – Formen, die durch die sattgrüne Bekleidung mit Almweiden, Wiesen und dunklen Wäldern ihren unvergleichlichen Reiz erhalten. Gesteigert wird dieser Eindruck noch durch die Lage der Kitzbüheler Alpen zwischen den vergletscherten Gipfel der Hohen Tauern im Süden und den Kalkriffen der Nördlichen Kalkalpen. Das Gestein bietet auch einen guten Einblick in die Besiedelungsgeschichte dieses Raumes: Der Erzreichtum, besonders im Bereich des Oberen Pinzgaus und des Beckens von Saalfelden, führte dazu, daß hier die ältesten Siedlungsräume des Alpenraumes zu finden sind. So sind bereits für den Zeitraum des 2. vorchristlichen Jahrtausends illyrische Siedlungen im Oberen Pinzgau nachzuweisen. Der große Erzreichtum im Gebiet der Kelchalm brachte zur Urnenfelderzeit (1000 v. Chr.) eine für damalige Verhältnisse enorme wirtschaftliche Blüte mit sich. Das Erz wurde damals bis in Höhen nahe der 3000-Meter-Grenze abgebaut, was erheblich zum Entstehen einer funktionierenden Almwirtschaft beitrug. Eine neuerliche wirtschaftliche Belebung erfuhr das Gebiet der östlichen Kitzbüheler Alpen durch den Verbindungsweg zwischen Chiemgau und Paß Thurn. Um 400 v. Chr. wanderten vereinzelt Kelten in den Bereich des Oberpinzgaus, 15 v. Chr. strömten die Römer ins Land. Durch den Ausbau der wichtigen Handelsstraßen durch die Alpen wurde das Becken um Saalfelden schließlich zu einem der Hauptsiedlungsräume im Alpenbogen.
Im 6. Jahrhundert kam es zur nächsten friedlichen Invasion, von Norden zogen die Bajuwaren herein. Damit begann im Oberpinzgau eine bisher unbekannte Welle der Besiedelung auf den Schwemmkegeln der Seitenbäche, die wegen ihrer Überhöhung gegenüber der Talsohle meist trocken waren. Die Bevölkerungsvermehrung zwang die Bevölkerung aber auch, immer immer weiter in die Seitentäler und die Höhenlagen vorzudringen –

Blick über den Zeller See auf Hochtenn, Kitzsteinhorn und Glocknergruppe.

die Höhenrodung war zur Zeit des 11. bis 14. Jahrhunderts im vollen Gange – und brachte das karge Bergbauernwesen mit sich. Parallel hierzu erlebte der Bergbau im 14. Jahrhundert eine abermalige Blütezeit. In diesem Zusammenhang ist es auch interessant, zu erwähnen, daß die leicht ersteigbaren Berggipfel wegen der Suche nach neuen Erzlagern bereits im frühen 14. Jahrhundert erstbestiegen wurden. Neben dem Erz (hauptsächlich Kupfer) wurde um 1700 auch etwas Gold und Silber gefunden. Nach der Schließung der meisten Gruben begann für das Gebiet jedoch eine wirtschaftlich schwierige Phase, die bis zum Bau der Westbahnstrecke, damals Giselabahn genannt, im Jahre 1875 anhielt.

Damit begann sich in dem Raum zwischen Kitzbühel und Zell am See der Fremdenverkehr zu entwickeln, begünstigt durch seine idealen Wiesenhänge alsbald auch ein lebhafter Skitourismus. Bereits im Jahre 1898 kamen die ersten Skilatten in das Glemmtal und zur Jahrhundertwende wird von den ersten Skitourengehern berichtet, die hier längere Zeit Aufenthalt nahmen.

In den zurückliegenden neunzig Jahren hat der Fremdenverkehr, im Besonderen in Verbindung mit der Errichtung von Aufstiegshilfen, bis an die Grenzen der Belastbarkeit zugenommen. Vielerorts stellen diese Lifte eine bequeme Aufstiegshilfe dar, doch sollte man sich doch einmal auch Gedanken über die Weiterentwicklung dieser Erschließungen machen!

Die Orte der Region

Bei der Beschreibung der Talorte werden neben der Lage und Geschichte auch kunsthistorische Schmankerl erklärt. Vorweg seien jedoch die jeweilige Telefonnummer und Postleitzahl der zuständigen Fremdenverkehrsverbände angeführt. Diese können, neben allgemein-touristischen Auskünften, verbindliche Angaben über den Zustand der Wege und die Öffnungszeiten der Hütten abgeben. Bei einem Anruf aus dem Ausland muß nach der Wahl der Landeskennzahl (0043 für Österreich) die 0 der örtlichen Vorwahl weggelassen werden.

5651 Bruck an der Glocknerstraße 06543/7215
5672 Fusch 06546/236
5710 Kaprun 06547/8643
5751 Maishofen 06542/8318
5730 Mittersill 06562/369
5722 Niedernsill 06548/8232
5721 Piesendorf 06549/239
5753 Saalbach/Hinterglemm 06541/2214
5760 Saalfelden 06582/2513
5724 Stuhlfelden 06562/4 90 94
5723 Uttendorf 06563/585
5700 Zell am See 06542/2600
5752 Viehhofen 06542/8559

Bruck an der Glocknerstraße, 755 m

Schöner Ort an der Westbahnstrecke im Salzachtal, bestehend aus den Ortsteilen Bruck, Hundsdorf und St. Georgen sowie vielen Weilern und Streuhöfen. Als Ausgangsort der Großglockner-Hochalpenstraße eines der bedeutendsten Verkehrszentren der Region. Besiedelt ist dieser Raum seit über 4000 Jahren, was durch den Fund einer kleinen Siedlung aus der Jüngeren Steinzeit bewiesen wurde.

Sehenswert ist das – auch von der Bundesstraße einzusehende – Schloß Fischhorn, welches bereits um 1227 genannt wurde. Zu dieser Zeit war in dem Bau die Verwaltung des Pinzgaus untergebracht, der damals zum Bistum Chiemsee gehörte. Ein schönes Ensemble stellt Hundsdorf dar, dessen Name von „Hunt" abgeleitet wird und auf die Bedeutung des Bergbaus hinweist.

Fusch an der Glocknerstraße, 805 m

Der Ort, der während der Bauzeit der Großglocknerstraße (1930–1935) von besonderer Bedeutung war, stellt sich heute als schönes Straßendorf dar.

Saalfelden mit Persailhorn und Breithorn.

Charakteristisch für die Besiedelung des Tals sind die Schwaighöfe, von denen zwölf bereits um 1300 genannt werden. Das Tal wurde schon von altersher als Alpenübergang benutzt. Im Bereich des Hirzbachtals bestand ein Goldbergbau, der in Höhen bis zu 3000 Meter vordrang und zu Beginn des 16. Jahrhunderts etwa 150 Knappen beschäftigte. Der im 18. Jahrhundert wiederbelebte Bergbau wurde durch sein erfindungsreiches Pumpwerk weithin berühmt, ehe der Bau 1863 zur Gänze geschlossen wurde. Bemerkenswert sind auch die 11 Heilquellen in Bad Fusch, deren Heilkraft anfänglich nur von den Einheimischen genutzt wurde. Eine Kuranstalt hatte zur Mitte des vergangenen Jahrhunderts seine Blütezeit; das Gebäude brannte 1945 ab. Als besondere landschaftliche Schönheit sei noch das Rotmoos hinter Ferleiten genannt, ein Orchideen-Paradies – besonders zur Blütezeit im Frühjahr.

Kaprun, 800 m
Der Ort liegt am Eingang des Kapruner Tals und erstreckt sich entlang der Kapruner Ache. Der Ortsbereich wurde bereits zur Urnenfelderzeit besiedelt.
Im Turm von Kaprun, der seit 1976 vor dem Verfall bewahrt wird, saß zwischen 1480 und etwa 1600 der Pflegerichter. Im vorigen Jahrhundert wetteiferten die Täler von Kaprun, Gastein, Ferleiten und Stubach um den Ruf des schönsten Tals im Bereich der Tauern. Der Alpenverein baute 1868 die erste Schutzhütte, die nach dem Erzherzog Rainer benannt war, auf dem Wasserfallboden. Ein Superlativ errang das Tal im Jahre 1893, als Kaiser Franz Joseph hoch zu Roß zum Mooserboden hinaufritt. Heute kann man diesen historischen Spuren nicht mehr direkt folgen, wurden doch in den Jahren zwischen 1938 bis 1955 die genannten Böden durch riesige Stauseen geflutet, die gemeinsam mit der Kitzsteinhornbahn einen enormen wirtschaftlichen Aufschwung für die Region brachten.

Maishofen, 767 m
Zu dieser Ortschaft nördlich des Zeller Sees gehören eine Vielzahl kleinerer Ortsteile. Bemerkenswert im Bereich von Maishofen sind die nördlich des Hauptorts gelegenen Moränenhügel und ausgedehnten Moorböden, die einen ausgezeichneten Einblick in die erdgeschichtlichen Vorgänge bieten. Sehenswert sind die drei im Gemeindegebiet liegenden Schlösser: Kammer, ein aus einem Bauerngut sich entwickelter Adelsansitz, Saalhof am Ausgang des Glemmertales (hier vermuteten früher Historiker die Saalburg, den ursprünglichen Sitz der Grafen von Unterpinzgau) und Prielau am Nordende des Zeller Sees. Der Name Prielau läßt sich in dem alten Wort „Briel" - einer Bezeichnung für sumpfiges Gelände – herleiten. Tatsächlich wurde die Umgebung des Schlosses erst vor kurzer Zeit trockengelegt und in einen schönen Park umgewandelt.
Der berühmteste Maishofener ist der Maler Anton Faistauer (1887-1930). Bekannt wurde dieser Künstler durch den Auftrag der künstlerischen Ausgestaltung des Salzburger Festspielhauses.

Mittersill, 789 m
Die große Bedeutung dieses Pinzgauer Ortes liegt in der besonderen Lage an den alten Verbindungswegen, südöstlich des Paß Thurn – heute auch am Ausgangspunkt der Felbertauernstraße. Bereits im Mittelalter, als durch politische Schachzüge die Herrschaften von Matrei und Oberpinzgau in die Hand des Erzbischofs übergingen, war es sehr einträglich, die Zugänge zum wichtigen Übergang des Felbertauernpasses zu kontrollieren, da dieser von großer Bedeutung für den Saumhandel mit Wein und Salz war. Mittersill war somit der wichtigste Umschlagplatz an der Nordrampe des

Saumpfades und wird bereits 1348 als Markt erwähnt. Durch Feuersbrünste und Naturkatastrophen hielt sich dieser Aufschwung aber immer in Grenzen. Nennenswert ist die reizvolle spätgotische Kirche in Felben. Mit der Schößwendklamm am Eingang in das Tauerntal sei auch eine landschaftliche Besonderheit erwähnt.

Niedernsill, 768 m
Die Gemeinde liegt am Ausgang des Mühlbachtales am rechten Salzachufer. Hier ereignete sich die größte Wasserkatastrophe des Pinzgaus: Zu Ende des 18. Jahrhunderts verklauste das Mühlbachtal; 1798 brach das verkeilte Geröll mit Steinkolossen in Stadelgröße über den Ort herein und verwüstete diesen.

Piesendorf, 782 m
Ein weit verstreuter Ort an der Nordseite des Tales der Salzach. Dieser Siedlungsraum wird bereits seit der mittleren Bronzezeit bewohnt – Funde im Bereich des Nagelköpfel belegen das (im Bereich des Walcher Grabens wurde zu dieser Zeit bereits nach Kupfer geschürft).
Im Ort sind noch viele ursprünglich erhaltene Häuser zu finden, wie zum Beispiel der Mitterwirt, der im Jahre 1358 erstmals erwähnt wird und bis 1898 als Station der Postlinie Salzburg–Innsbruck diente.

Saalbach/Hinterglemm, 1003 m bzw. 1074 m
Die Gemeinde erstreckt sich nahezu über das komplette Glemmtal bis nach Viehhofen. Dieses schmale Tal zählt zu den bedeutenden Skigebieten Österreichs und wird bei Saalbach in ein Vorderglemm- und in ein Hinterglemmtal unterteilt. An den Seitenhängen des Tales konnte Bergbau nachgewiesen werden, der bis in die Zeit von etwa 1800 v. Chr. zurückreicht. Aus dieser Tatsache ist auch anzunehmen, daß bereits zu dieser Zeit Besiedelungen im Tal bestanden. Den bedeutensten Rodungsschub erhielt das Tal in der Zeit zwischen dem 11. und dem 14. Jahrhundert, als nahezu jeder bebaubare Fleck des Tales besiedelt und bebaut wurde. Der Ort erhielt während seiner Blütezeit im 15. Jahrhundert das Marktrecht. In dieser Zeit herrschte noch reger Erzabbau im Tal. Nach dem Versiegen des Erzsegens brachte der aufkommende Skitourismus zu Beginn unseres Jahrhunderts neuen Wohlstand ins Tal.
Sehenswert sind die noch an manchen Stellen anzutreffenden Bauernhäuser im typischen Talstil.

Saalfelden, 744 m
Der aus 35 Ortsteilen bestehende Markt liegt in einer verkehrsmäßig äußerst günstig gelegenen, kesselartigen Talweitung des Saalachtales. Der

Zeitpunkt der Markterhebung kann heute nicht mehr mit genauer Sicherheit nachgewiesen werden; bereits 1525 wird der Ort als Markt bezeichnet. Durch die klimatisch günstige Lage konnte auch am Bieberg eine Siedlung entdeckt werden, die in die Zeit um 1500 v. Chr. zurückreicht. Während der Keltenzeit war in dieser Gegend der namentlich bekannte Stamm der Ambisontier niedergelassen. Der wesentliche Teil der Besiedelung erfolgte aber zur Zeit der bajuwarischen Landnahme.
Als Besonderheit sei hier die einzigartige Einsiedelei oberhalb des Schlosses Lichtenberg, in einer natürlichen Höhle gelegen, erwähnt.

Stuhlfelden, 789 m
Dieses weit verstreute Haufendorf ist nur einen Katzensprung von Mittersill entfernt. Wir befinden uns hier im Bereich der ältesten Pfarre des Oberpinzgaus, die sich ehemals von Krimml bis Niedernsill erstreckte. Berühmt ist die 1544 erstmals belegbare Wallfahrt der Pinzgauer. Zur Zeit des Mittelalters gab es im Ort das interessante Amt des „Kellners". Hierbei handelt es sich um den Steuereintreiber für das Erzstift, das seine Steuereinnahmen vor allem vom Handelsaufkommen des gesäumten Weines über den Felbertauernpaß bezog.
Sehenswert ist die Pfarrkirche zur Maria Himmelfahrt, mit interessanten Einzelheiten aus der romanischen Zeit. Im Innenraum verdient der 1783 ge-

Alpenglühen am Zeller See – das Steinerne Meer.

schaffene Hochalter unsere besondere Aufmerksamkeit. Bemerkenswert ist auch das Schloß Salzach, als Wohnsitz eines „Kellners" erbaut, seit dem Ende des 17. Jahrhunderts jedoch im bäuerlichen Besitz. In Burgwies befindet sich außerdem eine Schwefel- und Eisenheilquelle.

Von eigenartigem Reiz ist auch der in neuerer Zeit wieder gepflegte Tanz der Schönperchten, ein alter Kulttanz mit eigenartiger Bewegungsabfolge.

Uttendorf, 807 m

Der Pinzgauer Ort liegt auf dem Schwemmkegel des Dorfbaches, der optische Eindruck wird beherrscht vom schlanken Turm der spätgotischen Kirche. Besonders sehenswert ist dort der von Benedikt Faistenberger erschaffene Hochaltar und die Turmglocke aus dem 14. Jahrhundert. Auch die wunderschönen Bauernhäuser im Ort und im Stubachtal verdienen unsere Beachtung.

Besondere Bedeutung erlangte Uttendorf durch seine Lage an dem wichtigen Säumerweg durch das Stubachtal, über den früher der Salztransport stattfand. Bereits 1770 bestanden Pläne, den Pfad auszubauen, durch den Einspruch der Kärntner wurde dieses Vorhaben jedoch verhindert.

Viehhofen, 856 m

Erster Ort im Glemmtal, in dem bereits zur frühen Bronzezeit Bergbau betrieben wurde (größter vorgeschichtlicher Bergbau des Pinzgaus). Mit etwas Glück lassen sich noch heute im Bereich des ehemaligen Abbaugebietes mineralhaltige Gesteine finden. Der Ort stellt sich heute als Weilersiedlung mit besonders schönen, für das Glemmtal typischen Bauernhäusern dar.

Zell am See, 757 m

Zell ist die Bezirkshauptstadt des Mitterpinzgaus und als Hauptort der Europa-Sportregion einer der wichtigsten Fremdenverkehrsorte des Salzburger Landes. Der Name Zell läßt sich aus „Cella" ableiten (Salzburger Mönche haben hier 740 eine Klosterzelle errichtet). Durch die begünstigte geographische Lage wurde der Ort bereits im 13. Jahrhundert zum Markt erhoben und erlangte 1357 das Recht eines Bannmarktes.

Sehenswert ist der dreieckige Marktplatz, auf dem früher eine historische Linde stand. An diesem befindet sich auch – neben der Kirche das älteste Gebäude der Stadt – der Vogt- oder Kastnerturm, wahrscheinlich schon in der Zeit vor 1000 erbaut.

Die Stadterhebung erfolgte 1928. Zu diesem Anlaß wurde auch die Schmittenbahn errichtet, die heute einen wesentlichen Faktor der touristischen Infrastruktur des Gebietes darstellt. Zell am See ist auch der Ausgangsbahnhof für die 1898 eröffnete Pinzgauer Lokalbahn.

1 Seerundwanderung
Landschaftlich informativer Rundgang

Zell am See – Seepromenade – Schloß Prielau – Thumersbach – Zeller Moos – Seepromenade

Talort: Zell am See, 757 m.
Ausgangspunkt: Ortszentrum.
Gehzeit: Gesamte Umrundung etwa 3 Std.
Einkehrmöglichkeiten: Zahlreiche Gasthäuser und Cafes am Weg.
Sehenswertes: Ausblicke auf Steinernes Meer und Hohe Tauern; Schloß Prielau; Landschaftsschutzgebiet Zeller Moos.

Spaziergänger und Wanderer werden gleichermaßen begeistert sein von dieser aussichtsreichen Wanderung, die nach Lust und Laune mit einer Schiffahrt auf dem See oder einem Gasthausbesuch kombiniert werden kann. – Vom **Ortszentrum** Zell am Sees wandert man zum westlichen Seeufer und über die Seepromenade zum Nordufer des Sees, stets die Berge des Steinernen Meers vor Augen. Hier empfiehlt sich ein kurzer Abstecher zum **Schloß Prielau** (1425 erstmals erwähnt), das um 1560 seine heutige Form erhielt. Die Rundwanderung führt, vorbei am Landesteg bei **Thumersbach** (Ostufer), zum Südufer. Hier halten Sie sich auf der Rößlpromenade, in der Nähe des Freibades Erlberg, die durch das **Zeller Moos** nach Westen führt und bei einer Brücke auf den Karl-Vogt-Weg trifft. Über diesen, vorbei an den Tennishallen, nordwestlich zum Seespitz und über die südliche Seepromenade zurück zum Ausgangspunkt. Diese Wanderung kann auch schön mit Tour 3 kombiniert werden.

Zeller See mit Thumersbach (links), Zell am See (rechts) und den Hohen Tauern.

2 Schmittental
Zu den Talstationen der Zeller Bahnen

Zell am See – Köhlgrabenweg – Talstationen – Sonnbergpromenade – Zell am See

Talort: Zell am See, 757 m.
Ausgangspunkt: Ortszentrum.
Höchster Punkt: Im Bereich des Hinterfalleggs, ca. 1000 m.

Gehzeit: Gesamtgehzeit ca. 2½ Std.
Einkehrmöglichkeiten: Mehrere Gasthäuser und Jausenstationen entlang der Promenaden.

Vom **Ortszentrum** in westlicher Richtung und über die Mozartstraße soweit ansteigen, bis man zur Kreuzung des Köhlgrabenweges mit der Gaßner-Promenade gelangt. Der Weiterweg führt nun immer an der südlichen Talseite des Schmittentales, am Stefanibrunnen vorbei, bis zu einer Wegverzweigung. Hier leitet gegen links ein Steig zur Jausenstation Ebenbergalm, nach rechts kann man zur Bushaltestelle Sonnberg absteigen. In westlicher Richtung erreicht man die Jausenstation Köhlgraben. Von hier besteht die Möglichkeit, rechtshaltend zu den Talstationen der Liftanlagen absteigen. Schöner ist jedoch der Weg in westlicher Richtung, unter der Schmittenhöhe-Seilbahn hindurch zum Hinterfallegg. Von hier gegen Norden ansteigen, den Bach überqueren und an dessen Nordufer talwärts zu den **Liftstationen**.
Der Rundwanderweg leitet nun zwischen den Talstationen über einen Forstweg, anfänglich gegen Norden, weiter. Die **Sonnbergpromenade** schwenkt später östlich ab und leitet zum Gasthof Sonnberg hinunter.
Für den letzten Teil des Abstiegs folgt man vom Gasthaus in östlicher Richtung dem Weg, der später nach Süden schwenkt, und in die Stadt zurückleitet.

Der Stadtplatz in Zell am See.

3 Nikolaus-Gaßner-Promenade
Schattige Promenade, westlich oberhalb des Sees

Zell am See – Nikolaus-Gaßner-Promenade – Seespitz – Ebenbergalm – Zell am See

Talort: Zell am See, 757 m.
Ausgangspunkt: Ortszentrum.
Höchster Punkt: Ebenbergalm, 993 m.
Gehzeit: 2 Std.
Einkehrmöglichkeiten: Mehrere Gasthäuser und Jausenstationen im Bereich der Rundwanderung.
Sehenswertes: Schattiger Rundweg mit großartigem Ausblick von der Ebenbergalm.

Wie bei Wanderung 2 über die Mozartstraße zur Kreuzung der **Nikolaus-Gaßner-Promenade** mit dem Köhlergrabenweg. Diesmal aber links abzweigen und der Markierung der Gaßner-Promenade folgend, parallel zur tiefer liegenden Bundesstraße, weiterwandern. Benannt ist dieser Wanderweg in Erinnerung an den 1853 in Saalfelden geborenen Nikolaus Gaßner. Dieser hat sich bereits im letzten Jahrhundert um den Fremdenverkehr in der Zeller Gegend, besonders aber auch um die Erschließung des Kapruner Tales, große Verdienste erworben. Er wurde mit dem Verdienstkreuz des Kaisers ausgezeichnet. – Die Promenade fällt später zur Bundestraße hin ab und erreicht diese bei einer Bushaltestelle. Hier können Sie die Straße überqueren und zum **Seespitz** wandern und von dort wie bei Wanderung 1 über die südliche Seepromenade zum Ortszentrum von Zell zurückkehren. Ich möchte aber vorschlagen, von der Bundestraße nach Südwesten zur Jausenstation Bergheim aufzusteigen. Von hier leitet ein grün markierter Wanderweg in nördlicher Richtung zurück zur Jausenstation **Ebenbergalm**, die einen herrlichen Ausblick auf das Zeller Tal freigibt. Nach einer kleinen Rast wandert man in nördlicher Richtung weiter. Dabei kommt man unter der Seilbahn zu einer Abzweigung, wo ein sehr steiler Weg nach Zell am See hinunterführt. Folgt man dem Weg weiter, in nördlicher Richtung, erreicht man die Kreuzung beim Köhlergrabenweg (Tour 2). Hier geradeaus zur Bushaltestelle oder rechts über den Köhlergrabenweg zum Ausgangspunkt zurück. Eine Variante wäre die Kombination mit Wanderung 2: zur Sonnbergpromenade und über diese zurück zum Ortszentrum von Zell am See.

Zeller See mit Zell am See und Schmittental.

4 Schmittenhöhe, 1965 m (Beginn mit 12)
Fußweg zum Aussichtsplateau der Schmittenhöhe ~~tal. Ende~~

Zell am See – Gasthaus Mittelstation – Gasthof Glocknerhaus – Breiteckalm – Schmittenhöhe

Talort: Zell am See, 757 m.
Ausgangspunkt: Busstop in Schmitten.
Höchster Punkt: Schmittenhöhe, 1965 m.
Gehzeit: Talstation – Mittelstation 1½ Std., Mittelstation – Schmittenhöhe 1½ Std., insgesamt 3–3½ Std.

Einkehrmöglichkeiten: Mehrere Gasthäuser am Weg.
Sehenswertes: Blick von der Schmittenhöhe in die Gletscherwelt der Hohen Tauern, zum Zeller See und nach Saalfelden mit dem Steinernen Meer und den Leoganger Steinbergen.

zur 2 Pinzgauer Hütte 3/4 Std. (13)

Der Aufstieg zur Schmittenhöhe verläuft über den Schmittenweg als Teilstrecke der alpinen Variante des Zentralalpenweges 02 und ist dementsprechend markiert. Obwohl sie mit einer Unzahl von Aufstiegshilfen (vorwiegend für den Wintersport) erschlossen ist, bietet der Anstieg eine schöne Wanderung mit herrlichen Ausblicken. Wer sich den Abstieg über die Höhenpromenade, den Sonnkogel und das Hotel Sonnalm ersparen will, kann mit der Schmittenbahn abfahren.

Der Aufstieg beginnt bei der **Talstation** der Schmittenhöhe-Seilbahn, 930 m. Hier leitet ein Weg nach Südosten zur Jausenstation Köhlergraben. Von der Jausenstation in der eingeschlagenen Richtung weiter. Kurz vor der Seilbahn markiert ein Wegweiser eine Abzweigung zum Gasthof Mittelstation. Diesem Weg in südwestlicher Richtung folgen (im wesentlichen unter der Seilbahnanlage), die Almstraße abkürzen und zuletzt weit gegen Nordwesten ausholend zum Gasthof **Mittelstation**, 1362 m. Der weitere Aufstieg führt in westlicher Richtung, der Markierung 702 A folgend, zur Jausenstation **Glocknerhaus**, 1583 m, auf dem Südostrücken der Schmit-

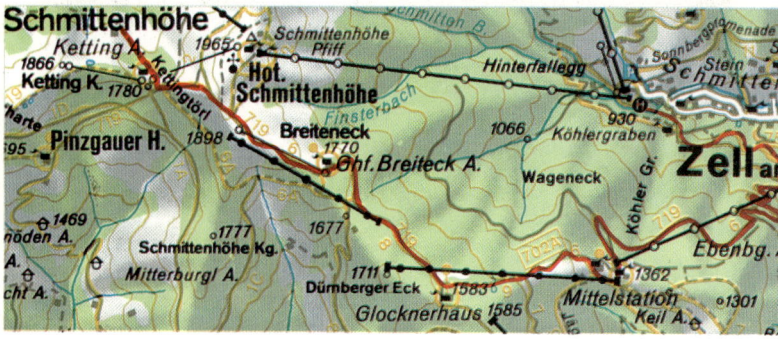

Rückblick zum See.

tenhöhe. Die unbedeutende Erhebung des Dürnberger Ecks, 1711 m, wird nach rechts umgangen, schließlich erreicht der Schmittenweg das Gasthaus **Breiteckalm**, 1770 m. Der letzte Teil des Anstiegs führt über den Rücken gegen Nordwesten bergwärts zum Kettingtörl, 1780 m, mit der Kettingalm. Von der Alm steil hinauf zum höchsten Punkt.
Schwebt man nicht mit der Seilbahn zu Tal, so empfiehlt sich als **Abstiegsweg** die Höhenpromenade, die in nordöstlicher Richtung über Sonnkogel, 1856 m, Schmiedhofalm und das Hotel Sonnalm verläuft (vgl. Tour 12).

5 Talwanderung nach Kaprun
Interessante Mooswanderung

Zell am See – Seepromenade – Karl-Vogt-Weg – Bruck – Kaprun – Einödhof – Piesendorf – Fürth – Bruckberg – Zell am See

Talort: Zell am See, 757 m.
Ausgangspunkt: Ortszentrum.
Gehzeit: Zell – Bruck 1½ Std.; Bruck – Kaprun 1½ Std., Kaprun – Piesendorf 1½ Std, für die gesamte Runde etwa 6 Std., individuelle Gestaltung mit Hilfe der Pinzgauer Lokalbahn möglich.

Einkehrmöglichkeiten: Zahlreiche Gasthäuser und Jausenstationen am Weg.
Sehenswertes: Neben dem Naturschutzgebiet Zeller Moos verdienen die landschaftlich abwechslungsreiche Ebene der Salzach sowie das Schloß Fischhorn besondere Beachtung.

Vom Ortszentrum in **Zell am See** über die südliche Seepromenade zum **Seespitz**. In dieser Richtung weiter, erreichen Sie bald den nach links abzweigenden Karl-Vogt-Weg. Dieser führt durch das Landschaftsschutzgebiet des Zeller Mooses. Bereits im 18. Jahrhundert wurden Überlegungen für eine Trockenlegung dieses Überschwemmungsgebietes der Salzach angestellt, die sich jedoch durch einen rascheren Abfluß der Salzach erübrigten. Der Karl-Vogt-Weg trifft alsbald auf die Fahrstraße nach Thumersbach. Wir überqueren die Straße und folgen einem Steig hinauf zur Jausenstation Hasling. Die weitere Rundwanderung führt in südlicher Richtung – im Bereich des Eßreithgrabens weit gegen Osten ausholend – nach **Bruck** an der Glocknerstraße. Hier überquert man die Salzach, am südlichen Ufer zieht der Weg weiter gegen Westen zum Kapruner Moos. Der Markierung 7 folgend leitet der Weg im weiten Rund durch das Moos nach **Kaprun**. Hier nach Westen wenden und dem Waldrand entlang zur Jausenstation **Einödhof**. Vom Einödhof könnte man dem südlichen Salzachufer nach Osten folgen, bei der Fahrstraße die Salzach überqueren und mit dem Bus von Kaprun nach Zell am See zurück-

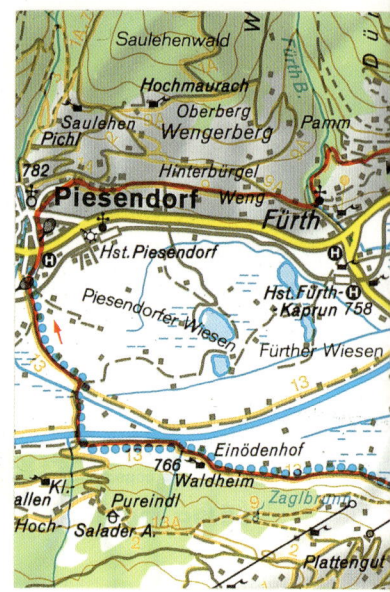

fahren. Unsere Wanderung führt weiter in westlicher Richtung, über die Salzach, nach **Piesendorf**. Von hier an der nördlichen Talseite über **Fürth** und **Bruckberg** nach Zell am See zurück. – Zwischendurch besteht auch die Möglichkeit, zu den Haltestellen der Lokalbahn zu gelangen, und mit dieser die Rückfahrt anzutreten.

6 Rund um den Breiterkopf, 1872 m
Am Fuß des höchsten bewaldeten Gipfels der Ostalpen

Bruck – Jausenstation Dachsgut – Erlhofplatte – Jausenstation Moosalm – Bruck

Talort: Bruck an der Glocknerstraße, 755 m.
Ausgangspunkt: Ortszentrum bzw. Hotel Lukashansl.
Höchster Punkt: Jagdhütte östlich des Breiterkopfes, um 1776 m.

Gehzeit: Bruck – Erlhofplatte 2 Std., Erlhofplatte – Moosalm 2 Std., gesamt 6 Std.
Einkehrmöglichkeiten: Jausenstation Dachsgut, Jausenstation Moosalm, Jausenstation Palferhof.

Bei dieser Wanderung steigen wir von Süden, an der Jausenstation Dachsgut vorbei und um den Südwestrücken des Hahneckkogels, 1857 m, herum zur Aussichtswarte bei den Häusern der Erlhofplatte.
Die Wanderung nimmt etwa 100 Meter nordwestlich des Hotels Lukashansl ihren Ausgang. Hier folgt man der Markierung zum Knappenbühel, wenig

Schloß Fischhorn.

erhöht über dem Schloß Fischhorn. Dieses Schloß, vielfach auch als die „Perle des Pinzgaus" bezeichnet, hat eine vielbewegte Geschichte hinter sich und bietet auch von der Bundesstraße her gesehen einen imponierenden Eindruck. Das Schloß wurde in den Jahren 1863 bis 1869 vom regierenden Fürsten von Liechtenstein gründlich renoviert und umgebaut, brannte aber 1920 nahezu komplett ab. Ein neuer Besitzer ließ es wieder entsprechend dem Zustand von 1860 aufbauen.

Vom Platz hinter dem Schloß führt der Anstieg gegen Nordosten in den Fischhornwald. Hier etwas steiler aufwärts und an der Jausenstation **Dachsgut** vorbei zu einem Weg, der zum Aussichtspunkt beim ehemaligen Gasthaus **Erlhofplatte** hinaufleitet. Von hier weiter gegen Nordosten bis zum Almweg, der von der Enzianhütte heraufzieht. An dieser Kreuzung zweigt ein weiterer Steig in südöstlicher Richtung ab und zieht um den Westabfall des Hahneckkogels, der als höchster bewaldeter Gipfel der Ostalpen gilt, herum zur Südseite. Vorbei an einigen Jagdhütten an der Südseite weiter bis in den Sattel östlich des Breiterkogels. Hier talwärts (südlich) zur Jausenstation **Moosalm**, mit herrlichem Blick auf die Tauern. Der **Abstieg** leitet von hier direkt südlich über die Jausenstation Palfenhof in das Tal der Salzach hinab und führt etwas erhöht an der nördlichen Talseite zum Ausgangspunkt zurück.

7 **Rundwanderung Erlhofplatte** (8)
Wanderung zur „Kanzel des Pinzgaus"

Thumersbach – Gasthof Kitzsteinhorn – Erlhofplatte – Ronachköpfl – Enzianhütte – Thumersbach

Talort: Thumersbach, 756 m.
Ausgangspunkt: Bushaltestelle.
Höchster Punkt: Erlhofplatte, 1373 m.
Gehzeit: Thumersbach – Erlhofplatte 2 Std., Erlhofplatte – Enzianhütte 1 Std., für die gesamte Runde 4 Std.
Einkehrmöglichkeiten: Mehrere Gasthäuser und Jausenstationen am Weg.
Sehenswertes: Die überraschend weite Aussicht beim ehemaligen Gasthaus Erlhofplatte.

Es bieten sich viele Möglichkeiten an, diese Rundwanderung in Angriff zu nehmen – in jedem Fall treffen sich die Wege bei der Jausenstation Enzianhütte. Die Enzianhütte kann sowohl über einen Fahrweg als auch mit Hilfe der Sesselbahn erreicht werden. Die hier vorgeschlagene Wanderung führt von Thumersbach herauf.

Wir wenden uns bei der **Bushaltestelle** in Thumersbach (östlich oberhalb der Fahrstraße), in südlicher Richtung zum **Gasthof Kitzsteinhorn**. Kurz danach führt eine Fahrstraße links bergauf zum Erlberg. Diesen Weg weiter, bis man auf den Steig trifft, welcher sich von der Jausenstation Schönblick zur Erlhofplatte hinaufzieht. Hier rechts zum ehemaligen Gasthof **Erlhofplatte**, 1373 m, der nicht mehr bewirtschaftet ist und eine überraschende Aussicht auf die Gletscherberge der Hohen Tauern im Süden, die Leoganger Steinberge und das Steinerne Meer im Norden eröffnet – nach Westen überblickt man die Kitzbühler Alpen bis hin zum Gerlospaß.

Der Weg führt in nordöstlicher Richtung weiter bis zu einem Almweg, der in nördlicher Richtung über das **Ronachköpfel**, 1326 m, zur **Enzianhütte** hinunterleitet. Der weitere **Abstieg** vollzieht sich ab hier, benützt man nicht den Sessellift, über die Fahrstraße, wobei wir die Jausenstation Schönblick passieren. Eine weitere Möglichkeit bietet der Abstieg über den Waldheimweg, der in nordöstlicher Richtung zum Gasthaus Waldheim im Thumersbacher Graben führt. Von hier auf dem Weg mit der Markierung 21, vorbei an schönen Bauernhäusern nach Thumersbach talauswärts.

Blick über den Zeller See zur Erlhofplatte.

8 Thumersbacher Kammweg
Aussichtsbalkon über dem Tal der Salzach

Thumersbach – Ronachköpfel – Ebner Scharte – Statzer Hütte – Hundstein – Rupertihaus – Waldheim – Thumersbach

Talort: Thumersbach, 756 m.
Ausgangspunkt: Bergstation des Ronachköpfel-Sessellifts bzw. Enzianhütte, 1326 m.
Höchster Punkt: Hundstein, 2117 m.
Gehzeit: Thumersbach – Statzer Hütte 4 Std., Statzer Hütte – Waldheim 1½ Std.; gesamt 6 Std.
Einkehrmöglichkeit: Statzer Haus, 2116 m.
Sehenswertes: Großartige Gipfelrundschau.

Der Thumersbacher Kammweg führt zu Beginn durch schattige Wälder und leitet als aussichtsreiche, leichte Wanderung auf den mit einem eindrucksvollen Panorama ausgestatteten Hundstein, Hauptberg der Dientner Schieferberge. Außerdem erwartet den Wanderer dort oben das bewirtschaftete Statzer Haus.
Für den ersten Teil des Anstieges kann man sich der Hilfe des Sesselliftes zum Ronachköpfel bedienen. (Wer zu Fuß gehen will, hält sich an Tour 7)
Von der **Bergstation** folgt man dem Zentralalpenweg 02 mit der Markierung 402 A. Dieser führt über eine Forststraße nördlich entlang des Hahneckkogels. Nach dem Verlassen des Waldes erreicht man die aussichtsreiche Kammhöhe, über die man in nordöstlicher Richtung die **Ebner Scharte**, 1873 m, erreicht. Weiter in der eingeschlagenen Richtung, südlich am Ochsenkopf vorbei, entweder steil über die Steigspuren oder auf der Almstraße zum Gipfel mit dem **Statzer Haus**.
Für den **Abstieg** kehrt man zurück zum Sattel östlich des Ochsenkopfes und folgt hier, bei Punkt 1931, dem gegen Norden führenden Weg. Der Weg leitet zum Nordostrücken der Schwalbenwand hinab und führt von hier gegen Westen talwärts. Am verfallenden Ruperti-

Tiefblick von Holzegg auf Zeller See und Salzachtal.

haus, 1654 m, vorbei zieht der Abstieg hinunter zum Gasthaus Waldheim, 1050 m, im hintersten Graben. Von hier auf der Fahrstraße oder wie bei Wanderung 7 nach Thumersbach zurück.

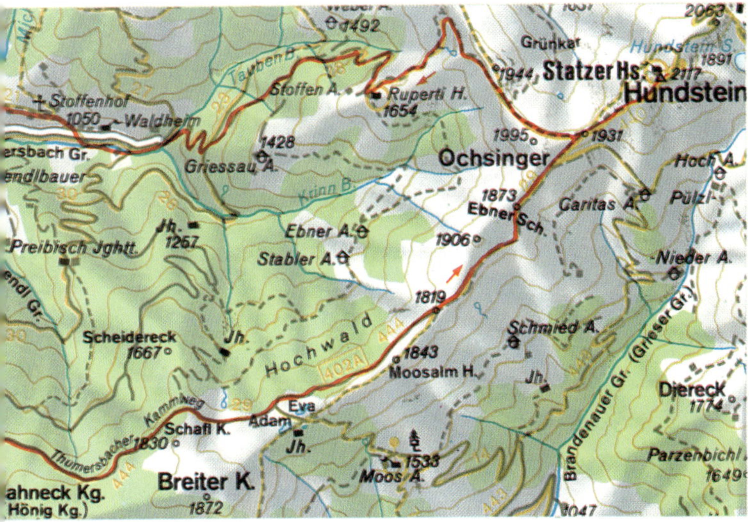

9 Schwalbenwand, 2011 m
Aussichtswarte östlich des Zeller Sees

Thumersbach – Jausenstation Mitterberghof – Schwalbenwand – Schönwieskopf – Hochbergalm – Schützingalm – Pointschneideralm – Untere Griesalm – Jausenstation Mitterberghof

Talort: Thumersbach, 756 m.
Ausgangspunkt: Jausenstation Mitterberghof, 1189 m.
Höchster Punkt: Schwalbenwand, 2011 m.

Gehzeit: Mitterberghof – Schwalbenwand 2½ Std.; Schwalbenwand – Schönwieskopf ½ Std., Schönwieskopf – Mitterberghof 1½ Std., gesamt 1¾ Std.

Der Aufstieg zum höchsten Punkt der Schwalbenwand, 2011 m, kann durch eine Auffahrt mit dem Auto zur Jausenstation Mitterberghof, 1189 m, um über eine Stunde abgekürzt werden. Der Anstieg von Thumersbach, 756 m, ist auch machbar, allerdings sollten drei Stunden zusätzliche Gehzeit einkalkuliert werden. Fährt man mit dem Auto zum **Ausgangspunkt**, so muß man in Thumersbach nach Osten, in den Thumersbacher Graben, abzweigen. Etwa 1½ Kilometer dieser Straße entlang, dann bei einem Schild nach links abzweigen und vorbei an den Häusern von Staller hinauf zur

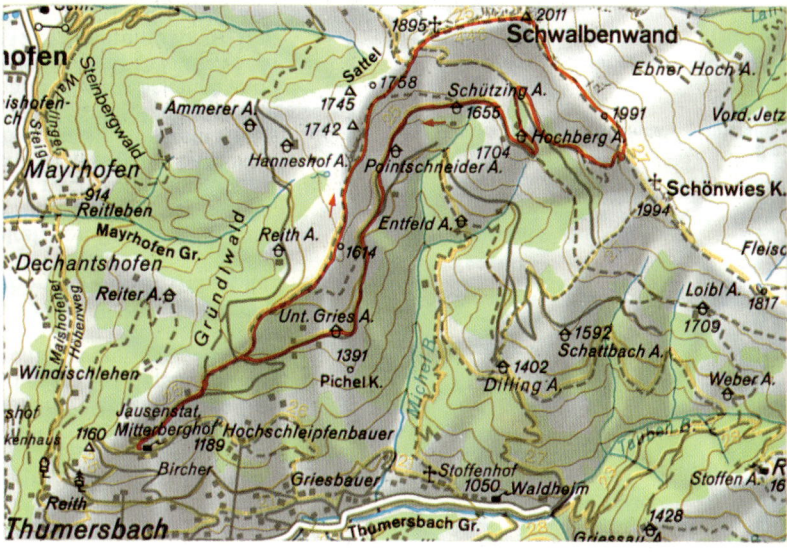

Jausenstation. Von hier zu Fuß über den Almweg weiter in nordöstlicher Richtung. Bald zweigt links ein Steig mit der Markierung 25 ab, der über den Rücken der Schwalbenwand bergan führt. Im obersten Teil wendet sich der Anstieg gegen Osten und leitet an einem Kreuz, 1895 m, am Westrücken der **Schwalbenwand** vorbei, sowie in kurzer Zeit zum höchsten Punkt hinauf. – Für den **Abstieg** bietet sich der Weg in südöstlicher Richtung über den Verbindungsrücken zum **Schönwieskopf**, 1994 m, an. Knapp vor diesem Gipfel zieht ein Steig nach Nordwesten zurück und trifft auf einen Almweg, der vorbei an der Hochberg-, der Schützing-, der Pointschneider- und der Unteren Griesalm talwärts führt. Im untersten Teil geht dieser Abstieg in den bereits bekannten Anstiegsweg über und leitet zur Jausenstation Mitterberghof.

Schwalbenwand (links) und Schönwieskopf (rechts).

10 Maishofener Höhenweg
Aussichtsreiche Wanderung im Talbereich

Thumersbach – Maishofener Höhenweg – Mayrhofen – Wallinger Steig – Schloß Kammer – Maishofen – Unterreit – Schloß Prielau – Thumersbach

Talort: Thumersbach, 756 m.
Ausgangspunkt: Bushaltestelle Thumersbach.
Gehzeit: Je nach Wegwahl 2 bis 4 Std.
Einkehrmöglichkeiten: Gasthäuser am Weg.
Sehenswertes: Die schönen Ausblicke vom Höhenweg; Schloß Kammer; Schloß Prielau.

Bei dieser Wanderung ergeben sich häufig schöne Ausblicke auf den Talboden in der Umgebung von Maishofen. Knapp nördlich der Brücke über den **Thumersbach** beginnt der Aufstieg nach Loibl und weiter zu den Höfen von Reith. Hinter Reith leitet ein Steig nach rechts bergwärts zur Jausenstation Mitterberghof (vgl. Tour 9). Unser Höhenweg zieht aber in nördlicher Richtung, leicht fallend, zum **Mayrhofen-Graben**. Hier besteht die Möglichkeit in den Talboden abzusteigen und über Unterreit zum Nordufer des Sees zurückzukehren. Wir gehen weiter in nördlicher Richtung über den Wallinger Steig, der schließlich über Serpentinen zum **Schloß Kammer** talwärts führt.
Der Wanderweg führt uns nun in westlicher Richtung nach Maishofen. Der letzte Abschnitt der Wanderung führt in südlicher Richtung über **Unterreit** zum **Schloß Prielau** (vgl. Tour 1) und dem östlichen Seeufer entlang zurück nach **Thumersbach**.

Die Schwalbenwand über dem Saalachtal. Entlang ihrem Sockel verläuft der Maishofener Höhenweg.

11 Neunbrünner Höhenweg
Auf den Spuren der Eiszeit

Kirchham – Bad Neunbrünnen – Lahntal – Bad Neunbrünnen – Neunbrünner Höhenweg – Ratzensteinhöhe – Kirchham

Talort: Maishofen, 765 m.
Ausgangspunkt: Bushaltestelle Kirchham, 769 m.
Höchster Punkt: Jagdhütte im Wieserreit-Graben, 1140 m.
Gehzeit: Neunbrünner Höhenweg 2 Std., bei Erweiterung durch den Wieserreit-Graben gesamt 4 Std.
Einkehrmöglichkeit: Gasthof Neunbrünnen.
Sehenswertes: Landschaftsschutzgebiet des Moores Lahntal-Kirchham.

Das Gebiet zwischen dem Nordufer des Zeller Sees und Saalfelden gibt einen guten Einblick in die erdgeschichtlichen Abläufe. Besonders interessant sind dabei die Hügel nördlich Maishofens. Es handelt sich dabei um Moränenaufschüttungen, die der sich zurückziehende Gletscher hinterlassen hat. In diesem Zusammenhang sollte auch kurz darauf hingewiesen werden, daß die Saalach wahrscheinlich ursprünglich nach Süden durch den Zeller See verlief und anschließend in die Salzach mündete. Zu dieser Zeit hatte der See viel größere Ausmasse als heute, er entwässerte sich aber später zur Salzach hin und nahm seine heutige Abmessungen ein. Das Flußbett der Saalach hingegen begann durch enorme Aufschotterungen aus dem Glemmtal zu steigen, so daß sie sich eine Abflußmöglichkeit gegen Norden zur Urslau suchte. Als heute noch sichtbare Zeugen dieser Entwicklung zeigen sich die großen Moorflächen. Weite Flächen dieses Moores wurden in Jahren 1912 bis 1916 trockengelegt und durch einen Torfstich wirtschaftlich genutzt.

Von der Bushaltestelle in **Kirchham** wandert man in westlicher Richtung und beim Waldrand gegen Norden, nach **Bad Neunbrünnen**. Der **Neunbrünner Höhenweg** zieht von hier nach Süden zurück bis in den Eingangsbereich des Glemmtales. Hier, am nördlichen Saalachufer, ein kurzes Stück in östlicher Richtung und gegen Norden nach Kirchham.

Diese einfache, kurze Wanderung kann dadurch erweitert werden, daß man von Bad Neunbrünnen gegen Nordosten nach **Lahntal**, 982 m, wandert. Weiter führt der Weg gegen Nordwesten drehend nach Bergern und, westlich, durch den Wald in Richtung zur Weberalm, jedoch nicht gänzlich zu dieser ansteigen. Auf einer Höhe von ca. 1200 Meter wandert man, der Markierung folgend, links hinab zum Wieserreit-Graben. Dahinter beginnt der Weg stärker zu fallen und senkt sich nach Bad Neunbrünnen talwärts.

In Lahntal – Blick auf das Steinerne Meer.

12 Höhenpromenade (4)
Bequemes Promenieren in luftiger Höhe

Hotel Sonnalm – Jausenstation Schmiedhofalm – Sonnkogel – Salersbachköpfl – Schmittenhöhe

Talort: Zell am See, 757 m.
Ausgangspunkt: Hotel Sonnalm, 1377 m, oder Bushaltestelle im Ortsteil Schmitten, 930 m.
Höchster Punkt: Schmittenhöhe, 1965 m.
Gehzeiten: Schmitten – Hotel Sonnalm 1¼ Std., Hotel Sonnalm – Sonnkogel 1½ Std., Sonnkogel – Schmittenhöhe ¾ Std.
Einkehrmöglichkeiten: Jausenstationen und Berggasthäuser am Weg.
Sehenswertes: Die Almrosenfelder und das herrliche Panorama.

Die Höhenpromenade ist ein vielbegangener Weg in aussichtsreicher Höhe zwischen Schmittenhöhe, 1965 m, und Sonnkogel, 1856 m, mit geringem Höhenunterschied – ideal für den alpinen Neuling, der einmal in die Bergwelt um 2000 Meter hineinschnuppern möchte. In diesem Zusammenhang sollte jedoch darauf hingewiesen werden, daß ein im Gebirge manchmal sehr rasch eintretender Wettersturz bei ungenügender Ausrüstung fatale Folgen haben kann.

Es empfiehlt sich ein Aufstieg über das **Hotel Sonnalm**. Benützt man bis zum Hotel nicht die Kabinenbahn, so steigt man östlich der Sonnalmbahn-Talstation zur Bergstation auf. Kurz nach dem Berghotel, hinter der großen

Kehre, verläßt man den Weg. (Gemütlicher, aber länger ist der Almweg über die **Schmiedhofalm**.) Hier führt ein Steig links in Serpentinen über die freien Hänge zum Verbindungssteig zwischen Salersbachköpfl und Jausenstation Schmiedhofalm. Wir wenden uns nach links – es bietet sich auch die Gelegenheit, den **Sonnkogel**, 1856 m, zu überschreiten – und wandern auf der Höhenpromenade, vorbei an Salersbachköpfl, 1934 m, und Hochzeller Hütte zum „Rummelplatz" auf der Schmittenhöhe. Der **Abstieg** erfolgt entweder mit der Schmittenbahn oder auf dem Aufstiegsweg. Die Wanderung kann auch mit Tour 4 kombiniert werden.

Zell am See, Schmittental und Schmittenhöhe.

13 Pinzgauer Spaziergang (14|40, 15 ju 18, 19
Höhenweg der Superlative
35

Pinzgauer Hütte – Rohrertörl – Klammscharte – Klinglertörl – Hackelberger Seen – Saalbachkogel – Stemmerkogel – Schattberg

Talort: Zell am See, 757 m, oder Piesendorf, 782 m.
Ausgangspunkt: Pinzgauer Hütte, 1695 m.
Höchster Punkt: Stemmerkogel, 2122 m, bzw. Westlicher Schattberg, 2096 m.
Gehzeit: Pinzgauer Hütte – Rohrertörl 1½ Std., Rohrertörl – Klinglertörl 1½–2 Std., gesamt 6 Std., für den gesamten Pinzgauer Spaziergang (Pinzgauer Hütte – Bürglhütte) 10 Std. (ohne Zu- und Abstieg).
Einkehrmöglichkeit: Bergstation der Schattbergbahn.
Sehenswertes: Einer der schönster Höhenwege der Ostalpen mit berauschender Aussicht auf die Eisgipfel der Hohen Tauern.

Dieser Weg, hoch über dem Oberpinzgau, sucht in den Ostalpen seinesgleichen. Der freie Ausblick gegen Süden zur Gletscherwelt der Hohen Tauern ist unbeschreiblich, bei den Scharten bieten sich außerdem immer wieder Blicke zu den Gipfeln über Saalbach. Zur Begehung dieses Höhenwegs der Superlative muß man aber – obwohl der Weg als leicht eingestuft werden kann – alpine Erfahrung mitbrin-

Blick vom Saalbachkogel auf Stemmerkogel und Schattberg.

gen, denn niemand ist vor den Gefahren eines Wettersturzes gefeit. Beschrieben wird hier die kürzere Variante des Pinzgauer Spazierganges, der längere Originalweg kann anhand der folgenden Beschreibungen zusammengesetzt werden – allerdings muß der Wanderer für die Strecke von der Pinzgauer Hütte zur Bürglhütte mit einer Gehzeit von 10 Stunden rechnen (ohne Auf- und Abstieg)!

Sie erreichen die **Pinzgauer Hütte**, 1695 m, entweder über den in Tour 14 beschriebenen Weg oder von der Schmittenhöhe (beschildert, ¾ Std.). Von hier führt der Weg nahezu eben, entlang des Südwestabfalls des Sonnbergs, zur Hochsonnbergalm, 1841 m. Anschließend folgt das **Rohrertörl**, 1919 m. Hier bietet sich die Möglichkeit, gegen Norden in das Saalachtal abzusteigen. Der Weiterweg leitet südlich um die Gernkogelgipfel herum zur **Klammscharte**, 1993 m, und weiter über den Niedernsiller Hochsonnberg zum **Klinglertörl**, 2017 m. Diese Scharte wird gegen Norden überschritten. In nordwestlicher Richtung geht es nun durch das Klinglerkar hinunter zu den landschaftlich reizvollen **Hackelberger Seen**, 1949 m (vgl. Tour 40).

Von den Seen zieht ein Weg nach Norden zum **Saalbachkogel**, 2091 m, und zum **Stemmerkogel**, 2122 m (beide Gipfel können umgangen oder „mitgenommen" werden). Schließlich erreicht man den **Schattberg**, von dessen Ostgipfel eine Seilbahn den Wanderer nach Saalbach bringt.

14 Pinzgauer Hütte, 1695 m (13)
„Aussichtsaltar" des Pinzgaus

Piesendorf – Jausenstation Saulehen – Kottingeinöden-Alm – Pinzgauer Hütte

Talort: Piesendorf, 782 m.
Ausgangspunkt: Ortszentrum bzw. Haltestelle Piesendorf der Pinzgauer Lokalbahn.
Höchster Punkt: Pinzgauer Hütte, 1695 m.
Gehzeit: Aufstieg 2½ Std., Pinzgauer Hütte – Schmittenhöhe ¾ Std., Abstieg 1½ Std.
Einkehrmöglichkeit: Jausenstation Saulehen.
Sehenswertes: Aussicht von der Hütte auf die Tauern.

Besonders in Verbindung mit der Pinzgauer Lokalbahn als Anreisemittel und der Abfahrtsmöglichkeit mit der Schmittenbahn dürfte diese Wanderung ein äußerst vielseitiges Unternehmen darstellen, bei dem noch dazu eine ganze Reihe aussichtsreicher Gipfel „mitgenommen" werden können.

Ausgangspunkt der Tour ist die Haltestelle der Lokalbahn in **Piesendorf**. Von hier wandert man in den Ort hinein und steigt gegen Norden, entlang der Markierungen, nach Pichl hinauf. An den Bauernhöfen vorbei führt uns der Weg zur Jausenstation **Saulehen**. Auf einem Forstweg geht es in nördlicher Richtung weiter auf das freie Gelände der Aschbachalm hinauf. Wir überschreiten den innersten Quellbach und halten uns gegen Westen zur **Kottingeinöden-Alm**. Der Aufstieg führt westlich an dieser vorbei und über Serpentinen, zum Schluß gegen Nordosten drehend, zur **Pinzgauer Hütte**.

Wer den **Abstieg** mit Hilfe der Schmittenbahn hinter sich bringen will, dem sei verraten, daß mit Sonnberg, Kettingkopf und Schmittenhöhe noch drei Gipfel auf die Schnelle erstiegen werden können.

Die Pinzgauer Hütte. Im Hintergrund die Schmittenhöhe.

15 Piesendorfer Hochsonnberg
Wanderung im Bereich bronzezeitlichen Kupferbergbaus

Walchen – Nagelköpfl – Röderlehen – Hochgitscheck – Rohrerberg – Sonnbergtörl – Rohrertörl – Hochsonnbergalm – Mitteregg – Rohrer – Walchen

Talort: Piesendorf, 782 m.
Ausgangspunkt: Bushaltestelle im Ortsteil Walchen, 795 m.
Höchster Punkt: Rohrertörl, 1919 m.
Gehzeit: Aufstieg 3½ Std., von der Jausenstation Nagelköpfl ¾ Std. weniger; Abstieg 2 Std.
Einkehrmöglichkeiten: Jausenstation Nagelköpfl, 1090 m, und Hochsonnbergalm, 1841 m.
Sehenswertes: Aussichtsreiche Teilstrecke des Pinzgauer Spaziergangs im Bereich des Piesendorfer Sonnbergs.

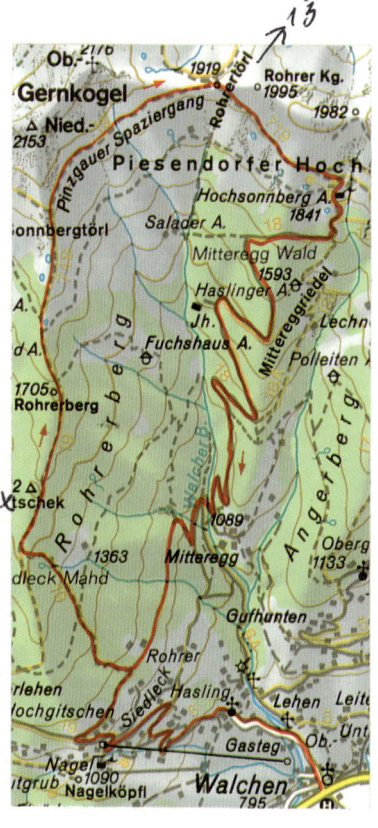

Fährt man mit dem Wagen nicht bis in die Nähe der Jausenstation Nagelköpfl, so steigt man von Walchen ausgehend über den Fahrweg zu diesem geschichtsträchtigen Platz herauf. Im Bereich des Nagelköpfls befand sich in der Mittleren Bronzezeit eine Wohnsiedlung, nahebei – in dem von Walchen gegen Norden ziehenden Walchergraben – wurde in späterer Zeit nach Kupfererz gesucht. Der Kupferabbau wurde bis in das letzte Jahrhundert aufrechterhalten. Aus Walchen stammt auch der Salzburger Erzbischof Friedrich II., der durch seine Unterstützung (1270–1284) für Rudolf von Habsburg wichtige Weichen für das damalige Europa stellte.

Von der Jausenstation **Nagelköpfl** über die weiten Kehren bergwärts und in westlicher Richtung um den Nordabfall des Hochgitschecks herum. Dabei trifft man auf den Aufstieg, der von Steindorf heraufleitet. Hier rechts weiter – in östlicher, später nördlicher

Nahe dem Rohrertörl – Blick Richtung Vorderglemmtal.

Richtung – auf dem Steig mit der Markierung 748. Dieser leitet uns zum **Hochgitscheck**, 1612 m. Über den Rücken führt der Anstieg weiter zum **Rohrerberg**, 1705 m, und bald darauf zu den freien Wiesen beim **Sonnbergtörl**. Hier wenden wir uns nach rechts und gelangen auf dem Pinzgauer Spaziergang (vgl. Tour 13) zum **Rohrertörl**, 1919 m, das uns einen kurzen Abstecher zum Gipfel des Rohrerkogels, 1995 m, erlaubt. Von hier bietet sich auch eine Abstiegsmöglichkeit nach Viehhofen. Die vorgeschlagene Runde zieht aber weiter zur **Hochsonnbergalm**, 1841 m.

Für den **Abstieg** wählen wir den Weg auf der östlichen Seite des Walcher Grabens. Unterhalb von **Mittereck** überschreiten wir den Walcherbach und gelangen so zurück zur Jausenstation Nagelköpfl.

16 Sonnbergalm, 1842 m
Almwanderung am Fuß des Pinzgauer Spaziergangs

Steindorf – Jausenstation Hochbrack – Sonnbergalm – Bachrainalm – Steindorf

Talort: Niedernsill, 769 m.
Ausgangspunkt: Steindorf, 769 m.
Höchster Punkt: Sonnbergalm, 1842 m.
Gehzeit: Von Steindorf 5 Std. Gesamtgehzeit; ab Jausenstation Hochbrack 1½ Std. weniger.
Einkehrmöglichkeit: Jausenstation Hochbrack, 1197 m.
Sehenswertes: Die schönen Pinzgauer Bauernhäuser.

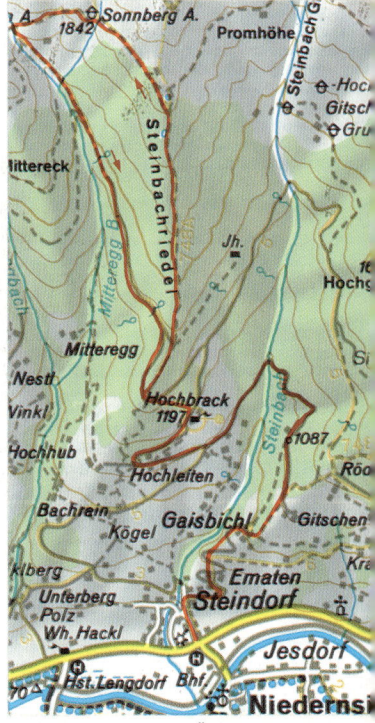

Bei diesem Aufstieg kann man die herrlich gelegenen Pinzgauer Bauernhäuser bewundern, die an der sonnseitigen Tallehne in die Landschaft eingebettet sind. Wir können die Wanderung im Tal starten oder den Auf- und Abstieg durch eine Fahrt zur Jausenstation Hochbrack um 1½ Std. abkürzen.

Beginnt man die Rundwanderung in **Steindorf**, so empfiehlt es sich, von der Bushaltestelle an der Bundesstraße nach Norden und später rechts nach Ematen zu wandern. Unser Wanderweg zieht von Ematen in nordöstlicher Richtung am Waldrand bergwärts. Bei den Höfen von Gitschen folgt man dem Fahrweg gegen Norden und quert damit den Graben des Steinbachs. Alsbald erreichen wir die Jausenstation **Hochbrack**, 1197 m. Über den Almweg weiter, um den Steinbachriedel herum und bei einer Abzweigung links den Steig hinauf zu den freien Almmatten der Sonnbergalm. – Am Waldrand nicht dem Steiglein geradeaus weiter folgen, sondern nach links zur Alm. Knapp zweihundert Höhenmeter unter dem Pinzgauer Spaziergang (vgl. Tour 12) erreichen wir die **Sonnbergalm**, 1842 m, und wenden uns gleich links der benachbarten **Bachrainalm**, 1738 m, zu. Von hier steigen wir an der östlichen Seite des Mittereggbachs nach Hochbrack und Steindorf ab.

Im Seetörl – Blick auf Hochkogel (links), Saalbachkogel (rechts) und die schneebedeckten Hackelberger Seen.

17 Viertalalm, 1600 m
Variationsreiche Wanderung auf den Pinzgauer Sonnenhängen

Uttendorf – Butterlehen – Jausenstation Viertalalm – Gasthaus Liebenberg – Quettensberg – Uttendorf

Talort: Uttendorf, 804 m.
Ausgangspunkt: Dorfzentrum oder Gasthaus Liebenberg, 1050 m.
Höchster Punkt: Jausenstation Viertalalm, 1600 m.
Gehzeit: kleine Runde 2 Std., große Runde zusätzlich 2 Std.
Einkehrmöglichkeiten: Gasthaus Liebenberg, 1050 m, und Jausenstation Viertalalm, 1600 m.
Sehenswertes: Alte Pinzgauer Bauernhöfe und Blickkontakt zu den Hohen Tauern.

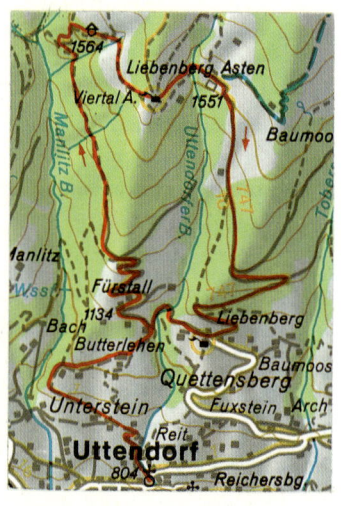

Besondere Bedeutung erlangte Uttendorf in der Vergangenheit als Ausgangspunkt des Saumweges durch das Stubachtal nach Italien. Der Fund eines Bronzeschwertes auf dem Kalser Tauern deutet auf die frühe Begehung dieses Überganges hin. Bereits im Jahre 1500 sollte dieser Paßübergang durch das Anlegen eines sicheren Weges für Saumpferde bequem gangbar gemacht werden. Um 1770 wurde bereits eine Straße geplant, die von Venedig kommend über den Paß führen sollte, die aber nie realisiert wurde.

Ausgehend vom **Ortszentrum** halten wir uns kurze Zeit nach Norden und bald nach Westen. Über Unterstein und die Höfe von **Butterlehen** erreichen wir das Gasthaus **Liebenberg**. Von hier führt ein Weg gegen Südosten hinunter nach Reichersberg und zurück nach Uttendorf (Markierung 1).

Will man beim Gasthaus Liebenberg noch die Obere Rundwanderung anhängen, so wendet man sich nach Nordwesten, über den Uttendorfer Bach und steigt an der westlichen Seite des Rückens bergwärts zur Jausenstation **Viertalalm**, 1600 m. Der Rückweg leitet gegen Osten zum Uttendorfer Bach, vorbei an der Liebenberg Asten, talwärts zum Gasthaus Liebenberg.

Im Aufstieg zur Viertalalm.

18 Manlitzkogel, 2247 m
Bedeutendster Gipfel am westlichen Pinzgauer Spaziergang

Bürglhütte – Murnauer Scharte – Mittagskogel – Zehentner Stange – Manlitzkogel – Rabenkopf – Sommertor – Haslach-Hochalm – Postalm – Bürglhütte

Talort: Stuhlfelden, 800 m.
Ausgangspunkt: Bürglhütte, 1695 m (geöffnet 1.6.-10.10.).
Höchster Punkt: Manlitzkogel, 2247 m.

Gehzeit: Gesamt 4½ Std.
Einkehrmöglichkeit: Keine.
Sehenswertes: Aussichtsreiche Rundwanderung.

Die hier vorgeschlagene Wanderung stellt den westlichen und damit den abschließenden Teil des kompletten Pinzgauer Spaziergangs dar (vgl. auch Tour 13). Da die gesamte Kammüberschreitung von der Bürglhütte bis zur Schmittenhöhe etwa 8 bis 10 Stunden in Anspruch nimmt, sei dieser Teil der Überschreitung als Rundwanderung von der Bürglhütte beschrieben. Die Hütte ist von Stuhlfelden über einen ruppigen Fahrweg per Pkw zu erreichen, so daß die Wanderung innerhalb eines Tag durchgeführt werden kann.

Von der **Bürglhütte**, 1695 m, kurz nach Norden, anfänglich gemeinsam mit dem Anstieg zum Gaißstein. Diesen Steig aber bald nach rechts verlassen und über die Stickl-Hochalm, 1900 m, zur **Murnauer Scharte**. Von der Scharte geht es in östlicher Richtung auf dem Kamm weiter, wobei der **Mittagskogel**, 2094 m, und die **Zehentner Stange**, 2129 m, überschritten werden. Schließlich wendet sich der Kamm gegen Südosten und leitet hinauf zum höchsten Punkt der Wanderung, dem 2247 Meter hohen **Manlitzkogel**.

Der **Abstieg** zieht über den Ostrücken des Gipfels hinunter zum **Rabenkopf**, 2075 m, und weiter bis knapp vor das **Sommertor**, 1964 m. Von hier

Blick vom Staffkogel auf den Manlitzkogel.

führt der Pinzgauer Spaziergang über den Uttendorfer Hochsonnberg über das Klinglertörl zur Pinzgauer Hütte bzw. nach Saalbach (Tour 13). Für die Rundwanderung folgt man aber dem Steig mit der Markierung 719, der in westlicher Richtung um den Pihappenkogel herum zu einer Wegteilung führt. Wir nehmen den linken Weg zur **Haslach-Hochalm**, 1788 m. Vorbei an der Bach-, Brückl- und der **Postalm** erreichen wir wieder die Bürglhütte.

19 Bürglhütte, 1695 m 18 ; 20 ; 23

Günstiger Stützpunkt am Ende des Pinzgauer Spaziergangs

Mitterlengau – Saalhofalm – Zehentner Grundalm – Murnauer Scharte – Stickl-Hochalm – Bürglhütte

Talort: Hinterglemm, 1074 m.
Ausgangspunkt: Gasthaus Mitterlengau, 1200 m.
Höchster Punkt: Murnauer Scharte, 2012 m.
Gehzeit: Mitterlengau – Murnauer Scharte 2½ Std., Murnauer Scharte – Bürglhütte ½ Std. Rückweg 2 Std., gesamt 5 Std.
Einkehrmöglichkeiten: Saalhofalm, 1388 m, und Bürglhütte, 1695 m.
Sehenswertes: Beschauliche Almen.

Wir beginnen die Tour beim Gasthaus **Mitterlengau** und halten uns in östlicher Richtung, bis bei der Bushaltestelle **Wallegg** ein Almweg rechts in den Vogelalp-Graben hineinzieht. Über diesen erreichen wir die **Saalhofalm**, 1388 m, unter dem Aussichtsgipfel des Hohen Penhab, 2112 m. Unmittelbar vor der Alm wird der Bach überschritten – hier muß man sich entscheiden, ob man den Weiterweg entlang des Baches über die Zehentner Grundalm oder den längeren Almweg zur Murnauer Scharte nimmt. Wir

Wollgras, wie es häufig im Gebiet des Pinzgaus zu finden ist.

halten uns rechts auf dem Almweg mit der Markierung 761, der zur **Zehentner Hochalm**, 1750 m, führt. Hier wenden wir uns vom Anstieg zum Schusterkogel, 2208 m, ab und gehen auf dem linken Weg über die Steffl-Hochalm, 1859 m, zur **Murnauer Scharte**. An der Südseite des Übergangs steigen wir, an der **Stickl-Hochalm** vorbei, hinunter zur **Bürglhütte**.

20 Rescheskogel, 2183 m
Zweigipfeltour im Bereich der Bürglhütte

Bürglhütte – Sintersbachscharte – Rosswegscharte – Rescheskogel – Rinnkogel – Bürglhütte

Talort: Stuhlfelden, 800 m, oder Hinterglemm, 1040 m. Fremdenverkehrsorte im Pinzgau bzw. im Glemmtal.
Ausgangspunkt: Bürglhütte, 1695 m (geöffnet 1.6. bis 10.10.).
Höchster Punkt: Rescheskogel, 2183 m.
Gehzeit: Bürglhütte – Rosswegscharte 1 Std., Rosswegscharte – Rescheskogel ½ Std., Rosswegscharte – Rinnkogel ½ Std., Abstieg 1 Std., gesamte Rundtour 3 Std.
Einkehrmöglichkeit: Bürglhütte, 1695 m.
Sehenswertes: Landschaftlich abwechslungsreicher Übergang vom Glemmtal in den Oberen Pinzgau (in Verbindung mit Tour 19).

Oberhalb Stuhlfelden.

Die Besteigung dieser Gipfel kann von der Bürglhütte, 1695 m, als Rundwanderung unternommen werden. Es besteht aber auch die Möglichkeit, vom Rinnkogel über die Luegsteinalm zur Stimmelhöhe und weiter nach Mittersill oder Stuhlfelden abzusteigen – ein ausgesprochen eindrucksvoller Hüttenabstieg. Zur Bürglhütte gelangt man wie bei Tour 19.

Von der **Bürglhütte** folgt man zunächst dem Anstieg zum Gaißstein, verläßt diesen jedoch bald nach links auf einem Steig, der zur Kesselalm, 1953 m, führt. Hier beginnt der Steig zur **Sintersbachscharte**, 2060 m, die eine Übergangsmöglichkeit nach Jochberg eröffnet. Wir wenden uns aber nach links und queren, nahezu eben, den Westabfall des Rescheskogel zur **Rosswegscharte**. Von hier rechts hinauf auf den Gipfel des **Rescheskogel**, 2183 m. Wir gehen auf demselben Weg zurück zur Scharte und von dort (rechts) über den Nordwestrücken zum Gipfel des **Rinnkogel**, 2147 m. Anschließend auf dem bekannten Aufstiegsweg zurück zur Hütte.

Vom Rinnkogel bietet sich aber auch eine gute Gelegenheit für einen **Talabstieg**: Wir wandern in südlicher Richtung hinunter zur Luegsteinalm. Von dort entweder auf dem Steig über Schrök Asten oder über die **Stimmelhöhe**, 1803 m (schöner), nach Stückleiten und schließlich nach Stuhlfelden hinab.

21 Gaißstein, 2363 m
Aussichtsreichster und wildester Gipfel in den östlichen Kitzbüheler Alpen

Bürglhütte – Gaißstein – Bürglhütte

Talort: Mittersill, 790 m, Stuhlfelden, 800 m, oder Gasthaus Mitterlengau, 1200 m.
Ausgangspunkt: Bürglhütte, 1695 m (geöffnet 1.6.-10.10.).
Höchster Punkt: Gaißstein, 2363 m.
Gehzeit: Aufstieg von Bürglhütte 1½ Std., bei Talaufstieg aus dem Oberen Pinzgau 4½ Std., vom Gasthaus Mitterlengau 4¼ Std. Abstieg Gipfel – Bürglhütte 1 Std.
Einkehrmöglichkeit: Zwischen Bürglhütte und Gipfel keine, bei den Talaufstiegen mehrere Jausenstationen.
Sehenswertes: Eines der schönsten Gipfelpanoramen der Kitzbühler Alpen.

Die Besteigung dieses schroffen, unnahbaren Gipfels stellt trotz des geringen Zeitbedarfs eines der alpinsten Ziele im Rahmen dieses Führers dar. Zu erklären ist dies durch die geologische Besonderheit dieses Gebietes: Die Glemmtaler Berge bestehen zum Großteil aus quarzreichem Schiefer, der sich durch Ablagerungen eines ehemaligen Meeres bildete. Der Gaißstein aber besteht nicht aus diesem Schiefergestein, seine Felsen haben vulkanischen Ursprung. Aufgrund seiner Höhe wurde er im Gegensatz zu den meisten anderen Gipfeln in der letzten Eiszeit nicht abgeschliffen, sondern lugte aus dem mächtigen Eisstrom hervor. Zur Bürglhütte gelangt man wie bei Tour 19.

Wir steigen von der **Bürglhütte**, 1695 m, in nördlicher Richtung hinauf und halten uns bei der ersten Abzweigung (Sinnersbachscharte) in der eingeschlagenen Richtung bis zu einer weiteren Wegteilung. Hier, bei einem aufgelassenen Stall, links weiter und immer steiler durch die Südwestabstürze des Grates hinauf zum Südostgrat des Gaißsteins. Der letzte Teil des Anstiegs führt über diesen Grat zum Gipfel des **Gaißsteins**, 2363 m, hinauf. Der **Abstieg** erfolgt auf demselben Weg. Es sei davor gewarnt, bei feuchtem oder nassem Wetter den markierten Steig zu verlassen – steiles Gras!

Ausblick vom Gaißstein.

22 Schusterkogel, 2208 m   23   24
Nördlicher Nachbar des Gaißsteins

Lindlingalm – Labegalm – Saalhofalm – Zehentner Hochalm – Schusterkogel – Schusterscharte – Bürglalm – Lindlingalm

Talort: Hinterglemm, 1040 m.
Ausgangspunkt: Lindlingalm, 1254 m.
Höchster Punkt: Schusterkogel, 2208 m.
Gehzeit: Lindlingalm – Saalhofalm 1½ Std., Saalhofalm – Schusterkogel 1¾ Std., Abstieg 2 Std., gesamt 5 Std.
Einkehrmöglichkeiten: Saalhofalm, 1388 m, und Lindlingalm, 1254 m.
Sehenswertes: Landschaft des hintersten Glemmtales.

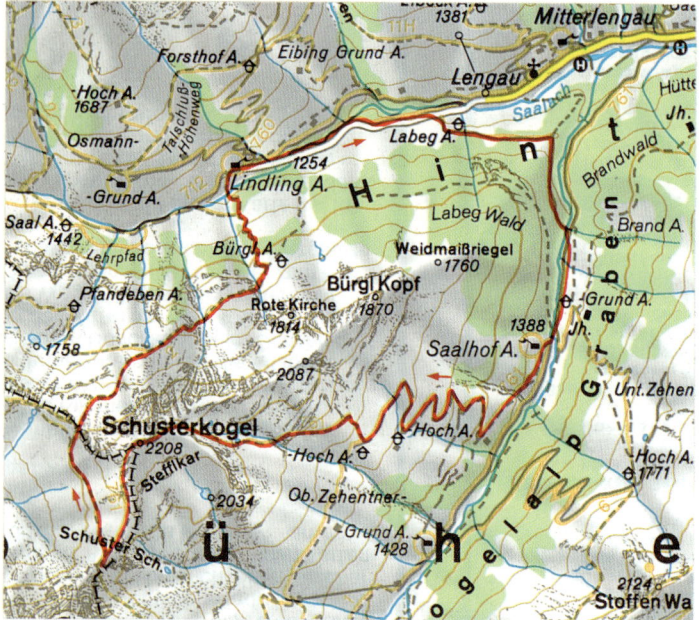

Wohl wegen der Entlegenheit der Lindlingalm, einem ehemaligen Bauerngut, entstanden in diesem Bereich viele Sagen. Eine handelt von einer „Weißen Frau", die als Magd auf dem Lindlinggut ihren Dienst versehen hat. Eine andere bezieht sich auf die Landesgrenze zwischen Salzburg und Tirol, welche über den Schusterkogel verläuft. Sie besagt, daß ein Bauer

Schattiger Waldweg.

seine Almgrenze immer weiter in das Tiroler Land hinein verschoben hat. So kam es zu einer Gerichtsverhandlung, in der der Bauer aufgrund fehlender Zeugen schwören mußte, daß das Almgebiet schon immer sein Eigentum war. Mit ruhigem Gewissen schwor der Bauer, hatte er doch in seinen Schuh Erde von seinem Hof gegeben und damit die Gewißheit, keinen falschen Eid geleistet zu haben. Nach seinem Tode jedoch hörte man immer wieder die Rufe: „Auffi, Auffi, weiter hinauf!", was immer dahingehend gedeutet wurde, daß der Bauer die Grenze zu weit nach Tirol verlegt hatte.
Von der **Lindlingalm**, 1254 m, talauswärts zur **Labegalm**. Weiter um den Nordostrücken des Weidmaißriegels herum und durch den Vogelalp-Graben, zweimal die Bachseite wechselnd, zur **Saalhofalm**, 1388 m. Hier rechts über Serpentinen zur Saalhof-Hochalm aufsteigen. Weiter in der eingeschlagenen Richtung (Markierung 761) zur **Zehentner Hochalm** und dort rechts zum Gipfel des **Schusterkogels**, 2208 m, hinauf.
Der **Abstieg** erfolgt über den Südgrat abwärts zu einem markanten Stein in der „Schleberstatt" genannten Scharte. Über den Westabhang des Schusterkogel geht es weiter zur **Schusterscharte**. Hier zweigt rechts der Abstiegsweg über die Bürgl- zur Lindingalm ab.

23 Mittagskogel, 2094 m 22
Talanstieg mit überraschenden Ausblicken

Mitterlengau – Saalhofalm – Obere Zehentner Grundalm – Murnauer Scharte – Mittagskogel – Zehentner Stange – Stoffenscharte – Untere Zehentner Hochalm – Saalhofalm – Mitterlengau

Talort: Hinterglemm, 1074 m.
Ausgangspunkt: Gasthaus Mitterlengau, 1200 m.
Höchster Punkt: Zehentner Stange, 2129 m.
Gehzeit: Mitterlengau – Murnauer Scharte 2½ Std., Murnauer Scharte – Mittagskogel ½ Std., Abstieg 2 Std., gesamt 5½ Std.
Einkehrmöglichkeit: Saalhofalm, 1388 m.
Sehenswertes: Aussichtsreicher Grat.

Das besondere sind die Gegensätze, die sich der Bergliebhaber auf dieser Tour erwandert. Während er im ersten Abschnitt die herrliche Almlandschaft in ganzen Zügen genießen kann, wird er nach dem Erreichen der Murnauer Scharte und mit der darauf folgenden Überschreitung des Grates zum Mittagskogel eine grandiose Aussicht bewundern können. Eine gelungene Kombination, die man diesem scheinbar unbedeutenden Gipfel kaum zutrauen möchte.

Von **Mitterlengau** auf dem bereits bekannten Weg zur **Saalhofalm**, 1388 m (vgl. auch Tour 19). Entlang der westlichen Bachseite weiter in den Graben

Mittagskogel gegen den Großvenediger.

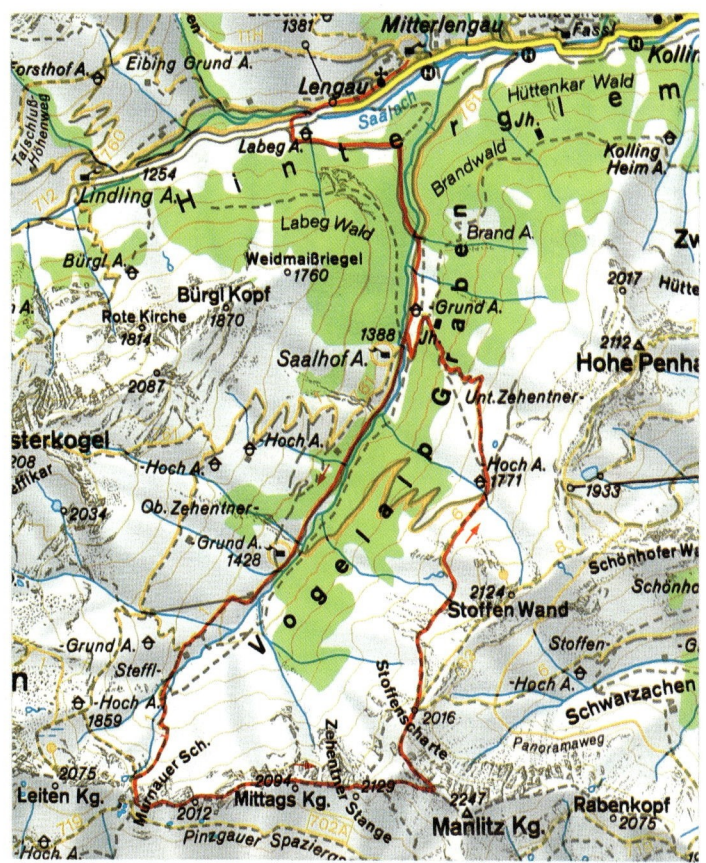

hinein zur **Oberen Zehentner Grundalm**, 1428 m. Hinter der Alm etwas steiler hinauf zur **Murnauer Scharte**, 2012 m, und von dort über den nach Osten ziehenden Grat zum **Mittagskogel**, 2094 m. Weiter über den Grat zur **Zehentner Stange**, 2129 m, und hier nach links hinab zur **Stoffenscharte**, 2016 m. Entlang des Westhangs der Stoffenwand führt uns der Abstiegsweg nun zur **Unteren Zehentner Hochalm**, 1771 m. Hier knickt der Steig gegen Norden und leitet , anfänglich über die Almmatten, später durch den Wald zum Aufstiegsweg nahe der Saalhofalm.

24 Bochumer Hütte (Kelchalm-Berghaus), 1432 m

Abgelegene Hütte in einem bedeutenden Bergbaugebiet

Lindlingalm – Osmann-Grundalm – Saaljoch – Tor – Bochumer Hütte

Talort: Hinterglemm, 1040 m.
Ausgangspunkt: Lindlingalm, 1254 m.
Höchster Punkt: Tor, 1931 m.
Gehzeit: Lindlingalm – Saaljoch 1½ Std., Saaljoch – Tor ½ Std., Rückweg 2½ Std., gesamt 5½ Std.
Einkehrmöglichkeiten: Bochumer Hütte (ganzjährig geöffnet, Tel.: 0 53 56/ 47 63) und Osmann-Grundalm.
Sehenswertes: Noch heute werden interessante Mineralienfunde im Bereich der ehemaligen Abräumhalden gemacht, unter anderem Malachit, Kupferkies und Pyrit.

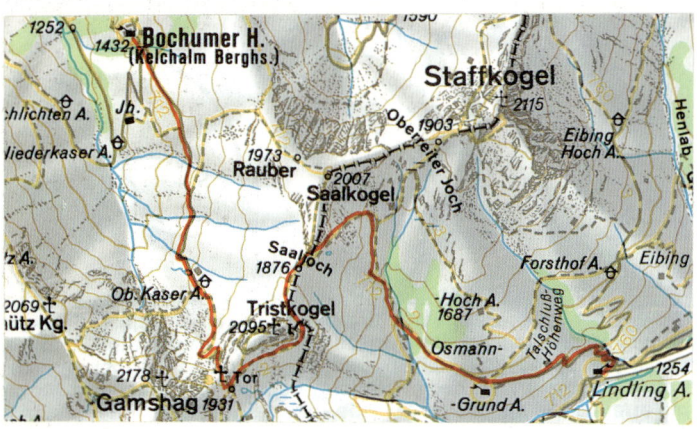

Durch ihre Lage zwischen dem Oberen Pinzgau und dem Glemmtal ist die Bochumer Hütte nicht nur als Tagesziel interessant, sondern auch als Stützpunkt, der eine Verbindung zwischen dem Pinzgauer Spaziergangs und dem Saalbacher Höhenweg herstellt und damit dem konditionsstarken Bergwanderer eine Umrundung des kompletten Glemmtales erlaubt.
Wir steigen von der Lindlingalm, 1254 m, auf dem beschilderten Weg zur **Osmann-Grundalm**, 1350 m, auf. Weiter in derselben Richtung, einmal den Bach überquerend, steigen wir unterhalb der Ostabstürze des Saalkogels (bei einer Wegteilung links) hinauf zum **Saaljoch**, 1876 m. Weiter, östlich um den Gipfelaufbau des Tristkogels, 2095 m, herum zum tiefeinge-

Bochumer Hütte mit Tristkogel (links) und Gamshag (rechts).

schnittenen Übergang des **Tors**, 1931 m. Steil leitet von hier der Abstieg zur Oberen Kaseralm, 1730 m, hinunter. Weiter in der eingeschlagenen Richtung zur **Bochumer Hütte**, in alten Karten auch noch als Kelchalm bezeichnet.

Für den **Rückweg** steht der Anstiegsweg zur Verfügung, ein Blick auf die Karte zeigt aber auch viele andere Wandermöglichkeiten auf. Bei einem Aufenthalt auf der Hütte sei die Rundwanderung über den Laubkogel, 1760 m, und den Hahnenkampl, 1813 m, empfohlen.

25 Gamshag, 2178 m, und Tristkogel, 2095 m

Wanderung im Quellrevier der Saalach

Lindlingalm – Bürglalm – Schusterscharte – Hochtor – Teufelssprung – Gamshag – Torsee – Tor – Tristkogel – Saalalm – Lindlingalm

Talort: Hinterglemm, 1040 m.
Ausgangspunkt: Lindlingalm, 1254 m.
Höchster Punkt: Gamshag, 2178 m.
Gehzeit: Lindlingalm – Schusterscharte 2½ Std., Schusterscharte – Gamshag 1½ Std., Gamshag – Tor ¾ Std., Tor – Tristkogel 20 Min., Tor – Lindlingalm 1 Std., gesamt 5 Std.
Einkehrmöglichkeit: Lindlingalm.
Sehenswertes: Idyllische Plätzchen und bestechende Aussicht vom Teufelssprung und vom Gamshag.

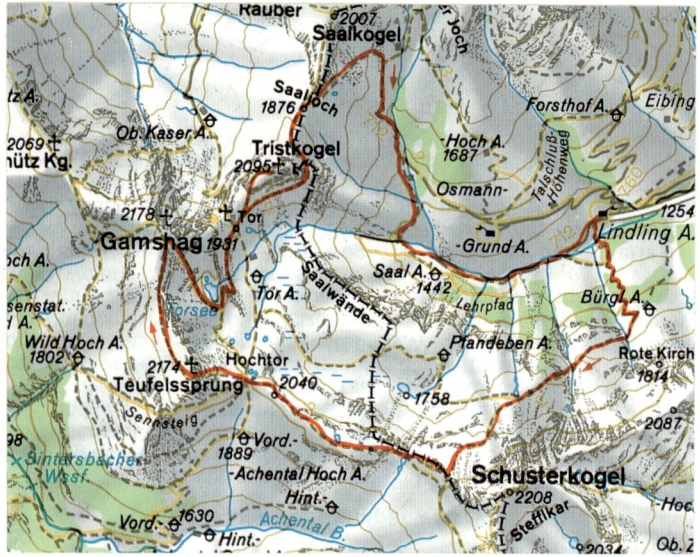

Diese Gipfelrunde im hintersten Glemmtal berührt mit dem Teufelssprung noch einen dritten Gipfel, der die Grundlage für viele Sagen bildete. Die tiefe Spalte am Weg von der Schusterscharte liefert weiteren Nährstoff für diese Sagen.

Der Aufstiegsweg führt uns von der **Lindlingalm**, 1254 m, zur **Bürglalm**. Hier wendet sich der Steig steiler bergwärts zur Hochebene von Pfandeben. An der Verzweigung, wo der Weg nach rechts zur Pfandebenalm hin-

Blick vom „Tor" auf den Tristkogel.

unterzieht, wandert man links, entlang des Westabhanges des Schusterkogels, zur Schusterscharte (ca. 2000 m) hinauf. Hier wendet man sich nach Westen und wandert dem Rücken entlang zum Hochtor. Hier trifft man auf eine Wegkreuzung mit zahlreichen Abzweigungen. Wir folgen dem Weg zum **Teufelssprung**, 2174 m, der über den Südostrücken und links um die oben erwähnte tiefe Spalte herum bergauf führt. Von dort, hoch über dem Torsee und meist dem Zaun entlang auf den **Gamshag**, 2178 m. Der Abstieg leitet südöstlich hinunter zum idyllischen **Torsee** und zum **Tor**, 1931 m, das uns Gipfelsammlern den Weg zum Gipfel des **Tristkogels**, 2095 m, freigibt. Nach dieser letzten Gipfelbesteigung kehren wir zurück zum Tor und steigen von dort über das **Saaljoch**, 1876 m, und die **Saalalm**, 1442 m, zur Lindlingalm ab.

26 Staffkogel, 2115 m
Schrofiger Felsgipfel über der Lindlingalm

Lindlingalm – Forsthofalm – Henlabjoch – Staffkogel – Oberreiter Joch – Osmann-Hochalm – Osmann-Grundalm – Lindlingalm

Talort: Hinterglemm, 1040 m.
Ausgangspunkt: Lindlingalm, 1254 m.
Höchster Punkt: Staffkogel, 2115 m.
Gehzeit: Lindlingalm – Henlabjoch 1½ Std., Henlabjoch – Staffkogel 1 Std., Gipfel – Lindlingalm 2 Std., gesamt 5 Std.
Einkehrmöglichkeit: Jausenstation Osmann-Grundalm.
Sehenswertes: Der zur Eibing-Hochalm wild abstürzende Staffkogelgipfel.

Im Bereich des nördlichen Glemmtals ist der Staffkogel der höchste Gipfel. Es bieten sich schöne Ausblicke nach Süden, zu den Gletschern der Hohen Tauern, und nach Osten zu den Gipfeln des Saalachtaler Höhenweges.
Wiederum starten wir unsere Wanderung bei der **Lindlingalm**. Wir halten uns diesmal jedoch auf dem Weg zur **Forsthofalm**. Der Weg mit der Markierung 760 führt in einem leichten Bogen um den untersten Südostabhang des Staffkogels herum zur **Eibing-Hochalm**. Der Anstieg führt uns nun weiter zum **Henlabjoch**, 1863 m, eingebettet zwischen Staffkogel und Sonnspitze. Gegen Norden windet sich von diesem Übergang ein Steig zur Hochwildalmhütte, 1630 m, hinunter, die als Ausgangspunkt für den Fieberbrunner Höhenweg dienen kann. Wir aber wenden uns nach links zum **Oberreiter Joch**, 1903 m. Der markierte Anstieg leitet von der Scharte über dem Oberreiter Joch, gegen Süden ausholend, durch die Südflanke zum höchsten Punkt des **Staffkogels**, 2115 m.
Der **Abstiegsweg** führt uns zurück zum Oberreiter Joch und von dort zur **Osmann-Hochalm**, 1687 m. Über kurze Serpentinen steigen wir von dort ab zur Jausenstation **Osmann-Grundalm** sowie weiter zur Lindlingalm.

Staffkogel vom Gipfel des Saalkogels.

27 Spieleckkogel, 1998 m, und Sonnspitze, 2062 m

Gipfelwanderung außerhalb des Liftbereichs

Lengau – Eibeckalm – Spieleckalm – Spieleckkogel – Sonnspitze – Henlabjoch – Eibing-Hochalm – Eibing-Grundalm – Lengau

Talort: Hinterglemm, 1040 m.
Ausgangspunkt: Lengau, 1200 m.
Höchster Punkt: Sonnspitze, 2062 m.
Gehzeit: Lengau – Spieleckkogel 2 Std., Spieleckkogel – Sonnspitze 1 Std., Sonnspitze – Lengau 2 Std., gesamt 5 Std.
Einkehrmöglichkeit: Keine.
Sehenswertes: Kammwanderung mit schönen Ausblicken vom Sonnjoch.

Das Glemmtal war vor dem Siegeszug des Fremdenverkehrs ein einsames, schwer erreichbares Tal, das seinen Bewohnern nur ein karges Dasein bescherte. Der Winter dauerte im Tal oft so lange, daß die Bauern im späten Frühjahr kein Futter mehr für die Tiere hatten. Alte Geschichten besagen sogar, daß manche Bauern mit einem Ochsenkarren nach Zell hinausfuhren, um dort das Zugtier zu verkaufen. Mit dem Erlös kauften sie Getreide, welches sie auf dem Karren ins Glemmtal zurückzogen. Heute bietet das Tal aber ein ganz anderes Bild, das zeigt auch die im folgenden beschriebene Wanderung.

Ausgehend von **Lengau** führt uns der Weg hinauf zur **Eibeckalm**, 1381 m. In der eingeschlagenen Richtung weiter zur **Spieleckalm**, 1579 m. – Wer auf die Gipfelrunde verzichten will, wandert von dieser Alm in den hintersten Henlab-Graben und zur Eibing-Hochalm. – Wir aber folgen dem Weg in den Henlab-Graben nur ein kurzes Stück und zweigen dann, der Markierung 3 folgend, nach rechts – durch Wald und über Wiesen – zum Gipfel des **Spieleckkogels**, 1998 m, ab. Von dort geht es in einer aussichtsreichen Kammwanderung weiter zum Gipfel der **Sonnspitze**, 2062 m.
Der Abstiegsweg verläuft über das **Henlabjoch**, 1863 m, die **Eibing-Hochalm** und die **Eibing-Grundalm** zurück nach Lengau.

Der Spieleckkogel.

28 Reichkendlkopf, 1942 m, 24-28
Hochalmspitze, 1921 m,
und Kastelstein, 1931 m

Gipfeltriumvirat über Hinterglemm

Mitterlengau – Wallegger Alm – Hüttenweg – Spieleckalm – Spieleckkogel – Kastelstein – Reichkendlkopf – Hochalmspitze – Loitfelder Alm – Sterer Alm – Untere Sterer Alm – Sonnhof – Mitterlengau

Talort: Hinterglemm, 1040 m.
Ausgangspunkt: Gasthaus Mitterlengau, 1200 m.
Höchster Punkt: Spieleckkogel, 1998 m.
Gehzeit: Lengau – Spieleckkogel 2 Std., Spieleckkogel – Reichkendlkopf 1 Std., Reichkendlkopf – Hochalmspitze ¼ Std., Gipfel – Lengau 1½ Std., gesamt 5 Std.
Einkehrmöglichkeit: Gasthaus Sonnhof, 1384 m.
Sehenswertes: Herrliche Alm- und Kammwanderung.

Zwischen dem 12. und dem 14. Jahrhundert siedelten sich in diesem entlegenen Winkel des Glemmtales Bauern an, genannt „Suttenbauern", weil sie ihre Höfe an den unwirtschaftlichsten Berghängen erbauten (so zum

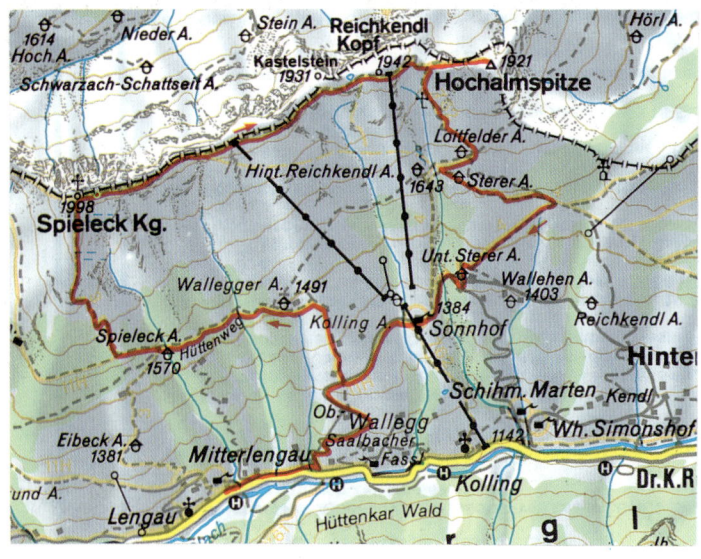

Am Spieleckkogel – rechts Reichkendlkopf und Hochalmspitze.

Beispiel die Eibingsutten – vgl. Wanderung 27). Diese Bergbauernhöfe konnten sich aber leider aufgrund der langen Winter und des rauhen Klimas nicht lange halten – heute begegnen sie uns meist nur noch in Form von Almen.

Von **Mitterlengau** führt der Anstieg über **Wallegg** und später linkshaltend aufwärts zur **Wallegger Alm**, 1491 m. Hier halten wir uns auf dem sogenannten „Hüttenweg", der uns zur **Spieleckalm**, 1579 m, führt. Wie bei Tour 27 zum Gipfel des **Spieleckkogels**, 1998 m, hier jedoch rechts. In einer aussichtsreichen Kammwanderung – stets in östlicher Richtung – zum 1931 Meter hohen **Kastelstein**, zum **Reichkendlkopf**, 1942 m, und schließlich zum Gipfel der **Hochalmspitze**, 1921 m.

Für den **Abstieg** wandern wir zurück bis knapp vor den Reichkendlkopf und steigen dort nach Süden hinab zur **Loitfelder Alm**. Auf unserem Abstiegsweg zur Mittelstation der Reichkendlkopf-Bahn und nach Mitterlengau passieren wir weitere Almen, die alle leider nicht bewirtschaftet sind. Eine löbliche Ausnahme macht indes der **Sonnhof** nahe der Mittelstation.

29 Reiterkogel, 1819 m

Einfacher Wanderberg zwischen Höndlinger Graben und Glemmtal

Hinterglemm – Pfefferalm – Schleder – Hasenauer Köpfl – Reiterkogel – Wetterkreuz – Reiteralm – Reit – Hinterglemm

Talort: Hinterglemm, 1040 m.
Ausgangspunkt: Talstation des Lifts zur Sportalm.
Höchster Punkt: Reiterkogel, 1819 m.
Gehzeit: 4½ Std. für die gesamte Rundwanderung.
Einkehrmöglichkeiten: Mehrere Jausenstationen am Weg.
Sehenswertes: Aussichtsreiche, landschaftlich interessante Rundwanderung.

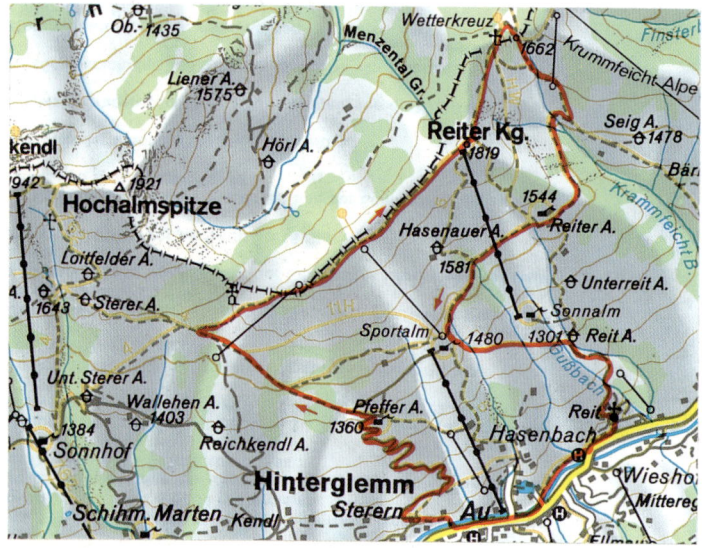

Von der **Talstation** der Sportalmbahn ein kurzes Stück die Saalach aufwärts. Den Bach bei der nächsten Gelegenheit überqueren. Anschließend steigen wir an Sterern vorbei bergwärts. Der Anstieg leitet ein kurzes Stück in Richtung zu den Liftanlagen zurück, eine Abzweigung führt aber bald links aufwärts. Diesem Steig folgend erreicht man über Serpentinen die **Pfefferalm**, 1366 m (hierher kann man auch über Hasenbach aufsteigen). Von der Alm gemütlich ansteigend, bis man auf einen Steig vom Sonnhof trifft. Hier nach rechts und an einer kleinen Kapelle vorbei zum Sattel zwischen der Hochalmspitze, 1921 m, im Westen und dem Hasenauerköpfl,

1792 m, im Osten. Von diesem weiten Wiesensattel, **„Schleder"** genannt, steigt man nun über den Rücken, das **Hasenauerköpfl**, 1792 m, überschreitend, zum höchsten Punkt des **Reiterkogels**, 1819 m, hinauf.
Der **Abstieg** zieht über den Nordrücken hinunter zum **Wetterkreuz** und von dort nach Süden. Dabei passieren wir noch einige einladende Jausenstationen, so die **Reiteralm**, bei einem kleinen Abstecher die Sportalm und die Sonnalm. Über **Reit** erreichen wir schließlich wieder unseren Ausgangspunkt.

Bei der Reiteralm.

30 Spielberghaus 31, 32,
Unterkunftshaus an der Grenze zwischen Salzburg und Tirol

Saalbach – Spielberghaus – Saalbacher Höhenrundweg – Asteralm – Saalbach

Talort: Saalbach, 1003 m.
Ausgangspunkt: Parkplatz der Schattberg-Seilbahn.
Höchster Punkt: Spielberghaus, 1311 m.
Gehzeit: Hüttenaufstieg 1 Std.; gesamte Runde 3½ Std.
Einkehrmöglichkeiten: Spielberghaus und mehrere Jausenstationen am Abstiegsweg.
Sehenswertes: Historisch interessanter Platz des „Schanzl".

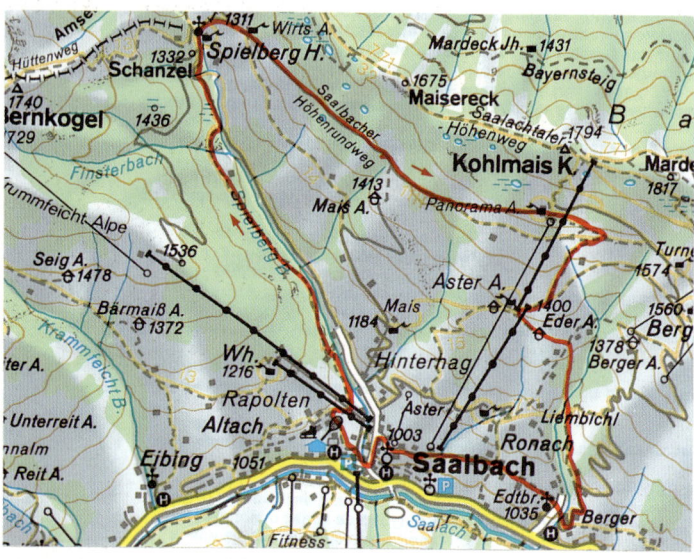

Das Spielberghaus steht an einem alten Übergang zwischen dem salzburgischen Glemmtal und dem auf Tiroler Boden liegenden Tal des Schwarzachbaches. Wenige Schritte westlich oberhalb des Spielberghauses läßt sich eine Ebene ausmachen, auf welcher der Erzbischof Paris Lodron im Dreißigjährigen Krieg eine starke Grenzfestung erbauen ließ. 1640 ließ er dazu 400 Stamm Holz in der Umgebung des „Schanzl" schlagen. Weil dieser Forst damals churbairischer (17. Jh.) Wald war, mußte der Erzbischof aus anderen, ihm gehörenden Wäldern Ersatz leisten. Planer der hölzernen

Biotop am Wegesrand. Blick auf Mahdstein (links) sowie Wildseeloder und Henne (rechts).

Anlage auf einem Unterbau aus Trockenmauern war der Salzburger Dombaumeister Santino Solari.

Zu erreichen ist das **Spielberghaus**, 1311 m, in dessen Nähe sich auch eine kleine Kapelle und ein Denkmal zur Erinnerung an das 50jährige Regierungsjubiläum Kaiser Franz Josefs befindet, indem man an der westlichen Bachseite des Spielbergbaches über den Pascherweg ansteigt.

Der **Rückweg** erfolgt entweder an der Ostseite des Baches oder – am besten – auf dem aussichtsreichen **Saalbacher Höhenrundweg**, der über die Jausenstation Wirtsalm zur Jausenstation Marietta, 1600 m, unter dem Kohlmaiskopf führt. Der Güterweg führt in weiten Kehren, vorbei an mehreren Jausenstationen hinunter zu den Häusern von Berger. Über Ronach kann man wieder zum Ortszentrum von Saalbach zurückkehren.

31 Spielberghorn, 2044 m

Markanter Felsgipfel zwischen Glemm- und Grießental

Spielberghaus – Obere Spielbergalm – Spielbergtörl – Spielberghorn – Spielbergalmen – Spielbergtörl – Spielberghaus

Talort: Saalbach, 1003 m.
Ausgangspunkt: Spielberghaus, 1311 m (vgl. Tour 30).
Höchster Punkt: Spielberghorn, 2044 m.
Gehzeit: Aufstieg 2 Std. vom Spielberghaus, Abstieg 1½ Std.
Einkehrmöglichkeit: Spielberghaus.
Sehenswertes: Schöne Aussicht zu den Leoganger Steinbergen mit dem Birnhorn.

Das Spielberghorn bildet den markantesten Gipfel der nordöstlichen Kitzbüheler Alpen, der wegen seiner vorgeschobenen, isolierten Lage und seinen nach allen Seiten steil abfallenden Wänden besonders auffallend ist. Deshalb kann der Gipfel nur über die Grate halbwegs problemlos erstiegen werden.

Zum Spielberghaus gelangt man wie bei Tour 30 beschrieben. Vom **Spielberghaus** wandert man über die sauberen Almböden bis knapp vor die Jausenstation Wirtsalm. Hier über den Steig mit der Markierung 14 links ab zur **Oberen Spielbergalm**. Von hier hinauf zum **Spielbergtörl**, 1670 m (Gipfelsammler können einen kurzen Abstecher zum Kleberkopf, 1758 m, unternehmen und von dort über den Kamm zum Spielbergtörl gehen). Der weitere Anstieg führt, gut markiert, über den Grat hinauf zum höchsten Punkt des **Spielberghorns**, 2044 m.

Vom Spielberghorn bietet sich eine **Überschreitungsmöglichkeit** in der Scharte, 1889 m, zwischen Spielberghorn im Westen und Kuhfeldhörndl im Osten. Absolut Trittsichere folgen dazu dem Ostgrat abwärts in die Scharte und von hier durch eine Mulde zur Scheltaualm, 1539 m. Von der Alm führt ein schwacher Pfad an der Waldgrenze gegen Südwesten zu den verstreut liegenden Gebäuden der **Spielbergalmen**, ca. 1500 m. Unter dem Gipfel des Spielberghorns vorbei führt ein kurzer Anstieg hinauf zum Spielbergtörl und von dort auf dem Anstiegsweg zurück zum Spielberghaus.

Abstieg vom Spielberghorn im Spätherbst.

32 Bürglkopf, 1730 m, und Bernkogel, 1740 m
Wanderung im Bereich eines Magnesitbergwerks

Spielberghaus – Burgeralm – Bürglkopf – Bernkogel – Spielberghaus

Talort: Saalbach, 1003 m.
Ausgangspunkt: Spielberghaus, 1311 m.
Höchster Punkt: Bernkogel, 1740 m.
Gehzeit: Spielberghaus – Burgeralm ½ Std., Burgeralm – Bürglkopf 1½ Std., Bürglkopf – Bernkogel 1 Std., Bernkogel – Spielberghaus ¾ Std., gesamt 4 Std.
Einkehrmöglichkeit: Burgeralm, 1254 m.
Sehenswertes: Einblick in den im Tagbau betriebenen Magnesitabbau am Weißenstein.

Im Unterschied zu den Erzen gilt das Magnesit im Berggesetz als grundeigenes Mineral. Dies bedeutet, daß der Grundbesitzer selbst über die Vorkommnisse verfügen kann. Nach der Entdeckung der Magnesitlager im Jahre 1928 bei Weißenstein wurden diese hier – anfangs im Untertagebau – abgebaut. Während des 2. Weltkrieges wurde das gebrochene Magnesit mittels Handschlitten in das Tal befördert. Erst in den Jahren zwischen 1957 und 1959 wurde die Seilbahn nach Hochfilzen gebaut, der Abbau am „Bürgl" und am Weißenstein wieder aufgenommen. Der Rundblick vom Bürglkopf bietet gute Gelegenheit diese Entwicklung nachzuvollziehen.
Wie bei Tour 30 zum Spielberghaus. Vom **Spielberghaus**, 1311 m, wandert man über die Güterstraße in nordwestlicher Richtung zur Jausenstation **Burgeralm**, 1254 m. Von hier geht es links hinunter und über den Spielbergbach zu einer breiten Straße hinauf, die man kurz verfolgt, bis kurz vor

Kapelle im Schledersattel – hinten rechts der Bürglkopf.

dem Abbaugebiet ein Steig nach links abzweigt. Diesem folgen wir – steil über die Almmatten zum breiten Rücken hin, den wir (Verbotstafeln des Bergbaus beachten!) bis zum Gipfel des **Bürglkopfes**, 1730 m, weiterverfolgen. Im Westen hat man nun den Tagbau Weißenstein vor sich, nordwestlich den Wilden Kaiser, im Norden die Loferer Steinberge und davor Hochfilzen mit dem erkennbaren Magnesitwerk.

Für den **Weiterweg** steigen wir nicht mehr bis zur Burgeralm ab. – Oberhalb der Gerstbodenalm besteht eine direkte Aufstiegsmöglichkeit zum **Bernkogel**, 1740 m. Der Steig führt uns geradeaus weiter zum Wetterkreuz (vgl. Tour 29) und von dort zurück nach Saalbach.

33–34 Saalachtaler Höhenweg
Nördliches Gegenstück zum Pinzgauer Spaziergang

Huggenbergalm-Haus – Weikersbacher Köpfl – Haiderbergkopf – Schabergkogel – Asitzkogel – Wildenkarkogel – Mardeckkogel – Kohlmaiskopf – Spielbergtörl – Spielberghorn

Blick vom Spielberghorn auf das Kaisergebirge.

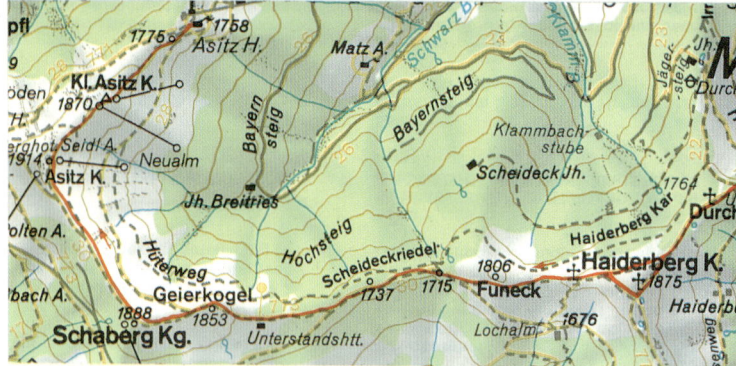

Talort: Bieberg bei Saalfelden, 735 m.
Ausgangspunkt: Bergstation der Biebergbahn, 1109 m.
Höchster Punkt: Asitzkogel, 1914 m, bzw. der westliche Eckpfeiler des Spielberghorns, 2044 m.
Gehzeit: Gesamte Begehung des Höhenweges 8 Std, bei Aufstieg ohne Lifthilfe und Abstieg vom Spielbergtörl 10 bis 12 Std.
Einkehrmöglichkeiten: Asitzhütte, 1758 m (geöffnet 1.6. bis 15.10), Berghaus Biebergalm, 1434 m, Lochalm, 1676 m, Schönleitenhütte, 1804 m (ganzjährig geöffnet, Tel.: 0 65 86/ 518), Berghotel Seidlalm, 1804 m, und Huggenbergalm-Haus, 1295 m (ganzj. geöffnet).
Sehenswertes: Einblick in die Pinzgauer Bergwelt; der Höhenweg ist als Lehrpfad mit zahlreichen Informationstafeln ausgebaut.

Der Saalachtaler Höhenweg, der auf einer Höhe zwischen 1100 Meter und 2044 Meter verläuft, stellt aufgrund seiner Länge ein ernstzunehmendes und nicht zu unterschätzendes Unternehmen dar. Bei Benützung der Unterkunftshäuser kann er in mehreren Etappen begangen werden. Für etwaige Ernstfälle wurden vier Unterstandshütten im Verlauf des gut markierten Weges installiert. Um die Planung zu erleichtern, möchte ich die Wegbeschreibung stichwortartig und in zwei Etappen unterteilt anlegen:

1. Etappe: Von der Bergstation des Bieberglifts, vorbei am **Berghaus Biebergalm**, 1434 m, teilweise durch den Wald zum Schönangerl, 1539 m. Weiter in der eingeschlagenen Richtung über den Gipfelkamm zum **Weikersbacher Köpfl**, 1618 m, und zum Durchenkopf, 1764 m. Hier befindet sich das erste Unterstandshüttchen mit Lehrtafeln. Als nächster Gipfel erwartet uns der **Haiderbergkopf**, 1875 m. Durch Hochmoore leitet uns der Weiterweg in westlicher Richtung zum Funeck, 1806 m. Zwischen diesen beiden Gipfelerhebungen besteht die Möglichkeit, zur bewirtschafteten Jochalm, 1676 m, abzusteigen. Über den Kamm erreicht man den Scheideckriedel, 1737 m, und die zweite Unterstandshütte, knapp vor dem Geierkogel, 1853 m. In einem leichten Bogen zieht der Höhenweg nun über den **Schabergkogel**, 1888 m, nach Norden zum **Asitzkogel**, 1914 m. Hier besteht die Möglichkeit, nach Norden zur Asitzhütte, 1758 m, zu wandern und von dort mit der Bahn nach Leogang abzufahren. Von hier mit öffentlichen Verkehrsmitteln zurück zum Ausgangspunkt. Gehzeit bis hierher 4 Std. (ohne Talaufstieg!)

2. Etappe: Ausgangspunkt für die zweite Etappe ist die Schönleitenhütte, 1804 m, unweit von Asitzkogel und Asitzhütte. Hier befindet sich auch das Berghotel Seidlalm und das dritte Unterkunftshüttchen.

Von hier steil bergwärts zum Gipfel des **Wildenkarkogels**, 1910 m, hinauf. Dieser kann auch südlich umgangen werden. Ab Punkt 1837 gemeinsam weiter zum Pründelkopf, 1879 m, und nördlich unterhalb des höchsten Punktes des **Mardeckkogels**, 1817 m, vorbei zum **Kohlmaiskopf**, 1794 m; von hier Abfahrtsmöglichkeit mit der Seilbahn nach Saalbach. Der Weiterweg führt an der Nordseite des Kammes zum Maiserreck, 1675 m. Von hier weiter über den breiten Rücken, von dem sich eine Abstiegsmöglichkeit zur Jausenstation Wirtsalm und zum Spielberghaus bietet. Will man jedoch den kompletten Höhenweg begehen, geht es weiter über die breite Einsattelung des Dalsentörls zum 1709 Meter hohen Bärnkogel mit dem vierten Unterstandshüttchen. Leicht absteigend erreicht man das 39 Meter niedere **Spielbergtörl** – der alpinste Teil des Höhenweges kann nun in Angriff genommen werden. Dazu steigt man wie bei Tour 31 in einer guten Stunde auf den höchsten Gipfel des Höhenweges, das 2044 Meter hohe **Spielberghorn**. Von hier steigt man am günstigsten über das Spielberghaus ins Saalachtal ab (vgl. Tour 31) und kehrt mit den öffentlichen Verkehrsmitteln zum Ausgangspunkt zurück.

Schönpeitscht = Naturfreunde

Nahe der Huggenbergalm. Im Hintergrund Schwarzkopf und Hoher Tenn.

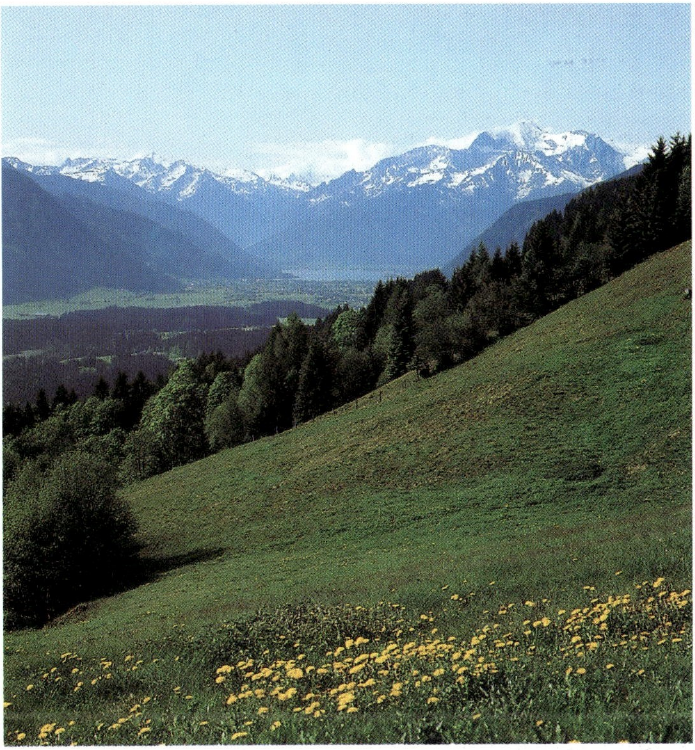

Bayrischer
Mardeck K.
1817
1782
Pründelkopf
1879
Jh.
1537
Bärental
Hochsteig
1630
Krünköpfl
1679
Krünböden
Schönleiten H.
Turner A.
1574
Wildenkar Kg.
1804
Berghof Seidl A.
1837
1910
Wildenkar Kg.-Hütte
1560
Berger Hochalm
1698
Polten A.
1775
1715
Jh.
1758
Asitz H.
Kl. Asitz K.
1870
1914
Neualm
Asitz K.
Bayern steig
Jh. Breitries

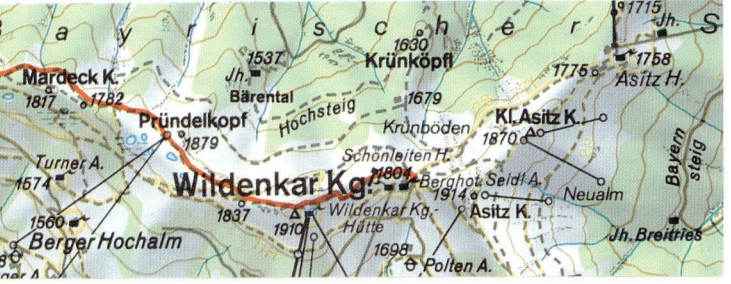

35 Salersbachköpfl, 1934 m
Wanderung im Spiegel der zeitlichen Entwicklung

Viehhofen – Kreuzerlehen – Hausberger Alm – Tannwald – Salersbachköpfl – Tannwald – Viehhofen

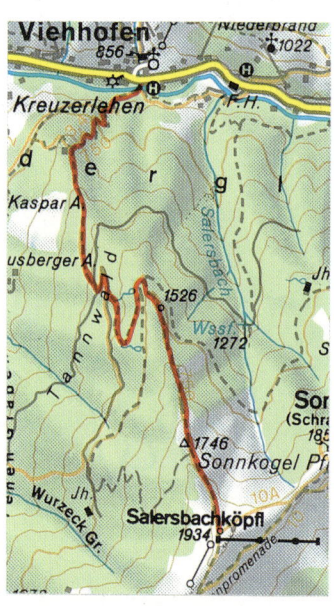

Talort: Viehhofen, 856 m.
Ausgangspunkt: Kirche bzw. Bushaltestelle.
Höchster Punkt: Salersbachköpfl, 1934 m.
Gehzeit: Aufstieg 3 Std, gesamt 5½ Std.
Einkehrmöglichkeiten: Jausenstationen im Bereich der Höhenpromenade, vgl. Tour 13.
Sehenswertes: Der Tiefblick zum Zeller See.

Am Eingang des Kreuzerlehen-Grabens steht ein kleines Bauerngut, das Rosengarten genannt wird. Eine alte Erzählung besagt, daß der Bauer des Rosengarten-Hofes und ein benachbarter Bauer jeden Samstag zusammenkamen um zu klären, wer am Sonntag den Kirchgang antreten dürfe; beide Bauern besaßen nämlich nur einen gemeinsamen Sonntagsrock und so konnte immer nur einer am Sonntag die Kirche besuchen. Dies ist auch ein Dokument der früheren Armut in dieser Bergregion. – Wir folgen von **Viehhofen** dem Steig in den **Kreuzerlehen**-Graben. Kurz nachdem ein Almweg nach rechts zur **Hausberger Alm** abzweigt, führt ein Steig in südlicher Richtung in den **Tannwald** hinauf. Über diesen ansteigend, zweimal die Forststraße querend, gelangt man zum Punkt 1526 auf dem markanten Nordwestrücken des Salersbachköpfls. Über eine unbedeutende Erhebung, Punkt 1746, weiter zum Gipfel des **Salersbachköpfls,** 1934 m (an der Höhenpromenade, die mit dieser Wanderung kombiniert werden kann; vgl. Tour 13) – mit Hilfe der Seilbahn wäre ein leichter Abstieg über die Schmittenhöhe nach Zell am See möglich. Unser **Rückweg** führt uns jedoch durch den Tannwald wieder zurück nach Viehhofen.

Alpenrosen – im Frühsommer entfalten sie ihre Blütenpracht.

36 Sausteigen, 1912 m
Wanderung im ältesten Bergbaugebiet der Region

Viehhofen – Altenberg – Jahnhütte – Sausteigen – Sausteigenalm – Lochalm – Tennstallalm – Hecherhütte – Viehhofen

Talort: Viehhofen, 856 m.
Ausgangspunkt: Kirche.
Höchster Punkt: Sausteigen, 1912 m.
Gehzeit: Viehhofen – Jahnhütte 2 Std., Jahnhütte – Sausteigen 1 Std., Sausteigen – Lochalm 1 Std., Lochalm – Viehhofen 1½ Std., gesamt 5½ Std.
Einkehrmöglichkeiten: Jahnhütte, 1591 m (ganzjährig geöffnet), Hecherhütte, 1250 m (geöffnet von Anfang Juni bis Ende September), Sausteigenalm, 1729 m.
Sehenswertes: Wanderung durch die Abraumhalden des ältesten nachweisbaren Bergbaugebietes der Region und durch weite Alpenrosenfelder; schöner Blick vom nördlichen Wächter aus in das Glemmtal.

Blickt man von Viehhofen nach Norden, in Richtung zur Sausteigen, so überblickt man ein Gelände mit nahezu regelmäßigen Hügeln. Diese Aufwerfungen sind die spärlichen Reste des Bergbaus aus der Altbronzezeit (etwa 2. vorchristliches Jahrtausend). Das Erz wurde ursprünglich durch Absuchen des Geländes abgebaut – als man damit nicht mehr das Auslangen fand, ging man dazu über, Erzadern mit Feuer zu erhitzen und durch

Zeller See mit Sausteigen.

Wasser abzukühlen. Bei diesem Verfahren erhielten die Felsstücke Risse, die durch Hartholzkeile weiter getrieben wurden und damit den Erzabbau ermöglichten.

Ausgangspunkt dieser Wanderung ist die Kirche in **Viehhofen**. Wir gehen vorbei am Hechergut, entlang des Erzbaches bergwärts. Dieser Güterweg leitet hinauf nach **Altenberg** (auf diesem Berg suchten die „Alten" nach Erz). Ein kurzes Stück noch dem Weg nördlich folgend und bei einer Abzweigung auf einem Steig nach rechts ansteigen. Im weiteren Verlauf des Anstiegs erreicht man wieder den Weg und über diesen die **Jahnhütte**, 1591 m. Von hier über den Rücken zum Gipfel der **Sausteigen**, 1912 m. Der **Abstieg** leitet über den Südwestrücken zur **Sausteigenalm**, 1729 m, knapp oberhalb der Waldgrenze. Von hier kann man in kurzer Zeit zur Jahnhütte zurückkehren und über den Anstiegsweg absteigen. Schöner ist es, von der Alm nach Norden zur **Lochalm**, 1676 m, zu wandern, die unterhalb des Haiderbergkogels liegt. Von der Jausenstation geht es an der westlichen Seite des Erzbaches weiter zur Hecheralm und über die **Hecherhütte** zurück zum Ausgangspunkt in Viehhofen.

37 Schönangerl, 1539 m
Wanderung im Bereich der ältesten Pinzgauer Siedlung

Bieberg – Haselberg – Huggenbergalm-Haus – Untere Biebergalm – Ederalm – Schönangerl – Berghaus Biebergalm – Kasbichlalm – Kehlbach – Bieberg

Talort: Bieberg, 735 m.
Ausgangspunkt: Talstation der Biebergbahn, 801 m.
Höchster Punkt: Schönangerl, 1539 m.
Gehzeit: Gesamt 4¼ Std., bei Fahrt mit der Bahn zum Huggenbergalm-Haus 1 Std. weniger.
Einkehrmöglichkeiten: Huggenbergalm-Haus, 1295 m (ganzjährig geöffnet), Berghaus Biebergalm, 1434 m.
Sehenswertes: Aussichtsreiche Wanderung über dem Talkessel von Saalfelden.

Durch qualitativ hochwertige Funde konnte bewiesen werden, daß diese Gegend bereits sehr früh besiedelt wurde. 1891 wurde auf dem Terrain des Friedhofs in Saalfelden eine Holzaxt aus Serpentinstein gefunden, welche aus dem 2. vorchristlichen Jahrtausend stammt. Ähnlich weit zurückführen lassen sich Funde aus dem Bereich des Biebergs, der allerdings in der Zwischenzeit abgetragen wurde. In dieser Gegend wird auch der Sitz des Keltenstamms der Ambisoniter vermutet, die auf einem Siegespfahl des römischen Kaisers Augustus genannt werden.

Knapp unterhalb der Talstation des Lifts führt ein Weg, vorbei an **Haselberg**, um den Nordrücken des Miesberg herum, zur Bergstation des Lifts

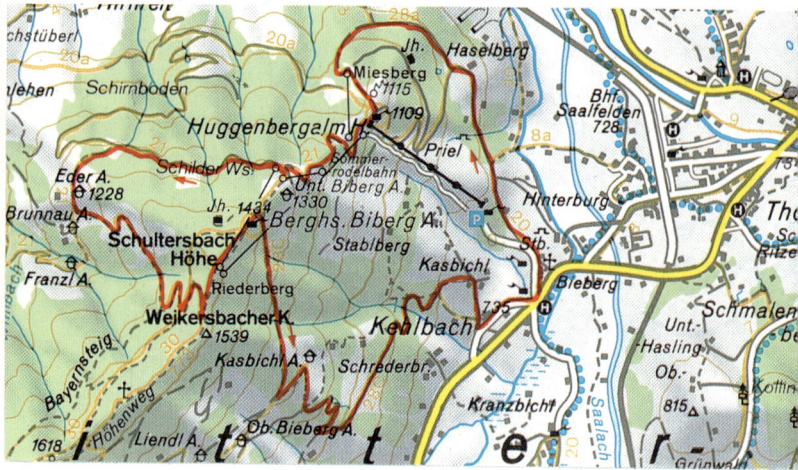

hinauf. Von hier über den sich gegen Südwesten ziehenden Rücken aufwärts zur **Unteren Biebergalm**, 1330 m, wo nach rechts ein Weg zur **Ederalm**, 1228 m, hinausführt. Von der Alm ein kurzes Stück auf dem Weg weiter bis zu einer Wegkreuzung – hier links hinauf, zum Schluß über Serpentinen, zum **Schönangerl**, 1539 m. Über den Nordrücken kehrt man zum **Berghaus Biebergalm** zurück und steigt über die **Kasbichlalm**, später links über den Almweg zu den Häusern von Kasbichl und **Kehlbach** nach Bieberg ab.

Das Birnhorn von der Huggenbergalm.

38 Weikersbacher Köpfl, 1618 m
Alpenrosenweg unterhalb des Sausteigens

Weikersbach – Hotel Bellevue – Weberalm – Gstallner Alm – Alpenrosenweg – Weikersbacher Köpfl – Obere Biebergalm – Weikersbach

Talort: Saalfelden, 744 m.
Ausgangspunkt: Bushaltestelle Weikersbach.
Höchster Punkt: Kamm zwischen Durchenkopf und Weikersbacher Köpfl, etwa 1700 m.

Gehzeit: Gesamt 5–6 Std.
Einkehrmöglichkeit: Jahnhütte, 1591 m (ganzjährig geöffnet).
Sehenswertes: aussichtsreiche Wanderung durch (besonders im Frühjahr beeindruckende) Alpenrosenmatten.

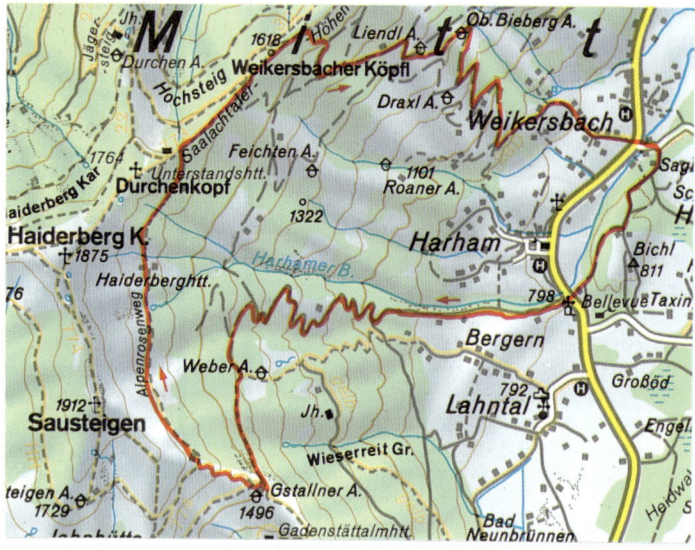

Die Umgebung nördlich von Maishofen ist deutlich durch die Eiszeiten und den damit zusammenhängenden Gletscherrückzug geprägt (vgl. Tour 11). Diese Tour bietet nun die Möglichkeit, eine Wanderung in der Nähe der Moränenhügel mit einer Übersicht über das Gebiet zu kombinieren. Hinzu kommt noch der landschaftliche Reichtum der Alpenrosenfelder am Osthang der Sausteigen.
In **Weikersbach** überquert man die Straße gegen Osten und wandert in

Weikersbach mit Weikersbacher Köpfl.

südlicher Richtung an der Westseite des Sagbichls vorbei und über Bichl, 811 m, bis kurz vor das Hotel **Bellevue**. Hier überquert man die Straße und steigt an der Südseite des Harhamer Baches über einen Forstweg nach Westen an. Anfänglich zieht der Weg gerade in Richtung auf den Haiderbergkopf, er windet sich jedoch alsbald mittels Serpentinen in die Höhe. Schließlich wendet sich der Steig nach Süden und erreicht die **Weberalm**. Weiter in dieser Richtung zur **Gstallner Alm**, 1496 m, direkt am Südostrücken der Sausteigen. Von der Alm entweder steil über den Rücken oder flacher gegen Westen über die bewirtschaftete Jahnhütte ausholend zum Alpenrosensteig, der unterhalb der Gipfel von Sausteigen und Haiderberg Kopf gegen Norden zieht. Knapp nordöstlich des Durchenkopfes, 1764 m, erreicht man den Bergrücken zum **Weikersbacher Köpfl**, 1618 m.

Für den **Abstieg** vom Köpfl halten wir uns weiter in der eingeschlagenen Richtung, steigen jedoch bald auf dem rechts abzwiegenden Steig zur Liendlalm hin ab. Über die **Obere Biebergalm** und die Draxlalm kehren wir zum Ausgangspunkt in Weikersbach zurück.

39 Hecherhütte, 1250 m
Talnahe Hüttenrunde über Viehhofen

Viehhofen – Rottenbachgut – Rehrenbergalm – Hecherhütte – Viehhofen

Talort: Viehhofen, 856 m.
Ausgangspunkt: Kirche bzw. Bushaltestelle.
Höchster Punkt: Rehrenbergalm, 1313 m.
Gehzeit: Viehhofen – Hecherhütte 2 Std., gesamt 3 Std.
Einkehrmöglichkeit: Hecherhütte, 1250 m (geöffnet von Juni bis September).
Sehenswertes: Ausblicke über das vordere Glemmtal.

Bereits zum Ende des 17. Jahrhunderts wollte man in Viehhofen eine Kirche bauen. Der Pfarrer von Zell sprach sich jedoch dagegen aus und erst 1767 wurde es einem Wirt erlaubt, eine Kapelle zu bauen, die aber bereits 1786 wieder vom Hochwasser weggerissen wurde. In der Folge stellten sich die Zeller Vikare abermals gegen den Bau einer Kirche, unter anderem auch deshalb, weil sie dem Wirt vorwarfen, er würde sich einen besseren Besuch seines Gasthauses erwarten. Unterstützt wurden die Vikare von den Zeller Geschäftsleuten, die eine Schmälerung ihres Einkommens befürchteten. 1796 wurde aber auf Drängen der Viehhofener Bürger doch eine kleine Kirche errichtet, die erstmals im Pinzgau dem Heiligen Josef geweiht wurde.

Von der Kirche in **Viehhofen** laufen wir nördlich der Talstraße taleinwärts, bis nach rechts ein Weg auf die Berglehne hinaufführt. Diesem folgend (Markierung 8), an der westlichen Bachseite über Kehren aufwärts, vorbei an der Vorderbichlalm, bis zum höchsten Punkt dieser Wanderung, der 1313 Meter hoch gelegenen **Rehrenbergalm**. Von hier führt der Weiterweg leicht fallend um den breiten Rücken herum zur **Hecherhütte**, 1250 m. Von der Hecherhütte leitet ein Güterweg nach Viehhofen zurück. Es besteht aber auch die Möglichkeit, über einen Steig zurück in das Tal zu gelangen. Will man die Wanderung ein kurzes Stück ausbauen, so wandert man entlang der Güterstraße bis zur Brücke über den Erzbach. Hier steigt man nicht rechts ab, sondern folgt dem Weg östlich bergwärts. So gelangt man zu den Häusern von Altenberg. Jetzt steigt man gegen Osten ab und erreicht die Gaststätte Stiegernigg, von der man zurückkehren kann.

Auf dem Weg zur Hecherhütte.

40 Sonnseitpromenade
Einfache Rundwanderung im Vorderglemmtal

Saalbach – Berger – Grub – Sonnseitpromenade – Jausern – Eibing – Altach – Saalbach

Talort: Saalbach, 1003 m.
Ausgangspunkt: Parkplatz der Schattbergbahn.
Gehzeit: je nach Ausdehnung 2–4 Std.

Einkehrmöglichkeiten: Zahlreiche Gasthäuser am Weg.
Sehenswertes: Interessanter Wanderweg im Bereich des Talbodens.

Diese Wanderung führt uns die markanten Wetterunterschiede des Glemmtales vor Augen. Bei der Wanderung über die Sonnseitpromenade befindet man sich, wie der Namen schon erklärt, auf der Sonnenseite des Tals. Die zweite Hälfte der Rundwanderung leitet über die Schattenseite zurück nach Saalbach. Dabei fällt auf, daß die sonnseitigen Hänge viel stärker besiedelt sind als jene auf den Schattenseiten. Die ersten Bauernhäuser waren langgestreckte Gebäude, die nach Westen und Osten ausgerichtet waren, also in die Richtung, wo im Winter die meiste Sonne zu finden war. Der Talboden hingegen wurde wegen seiner winterlichen Kälte gemieden.

Wir starten unsere Wanderung bei der Talstation der **Schattbergbahn**. Dabei folgen wir ein kurzes Stück dem Weg zum Spielberghaus, wenden uns aber bald nach rechts, Richtung Ronach. Von hier leicht abwärts zu den Häusern bei **Berger** und, etwas über der Talsohle, weiter einwärts bis nach **Grub**. Der Weiterweg leitet noch bis zum Hochwart-Graben, überquert diesen und führt hinunter zum Gasthaus Taxing. Hier überschreitet man die Talstraße und wandert taleinwärts zum Gasthaus **Jausern**. An der südli-

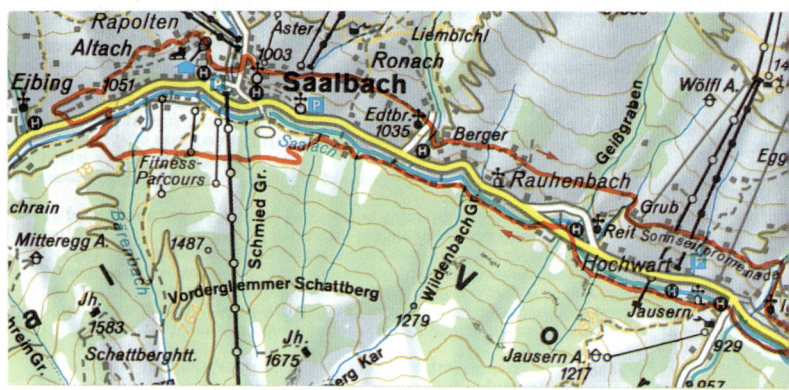

Saalbach im Hinterglemmtal.

chen Talseite wandert man zurück. Erst hinter **Eibing** überqueren wir wieder die Hauptstraße und kehren über **Altach** nach Saalbach zurück. Es ist an verschiedenen Stellen möglich, mit öffentlichen Verkehrsmitteln zum Ausgangspunkt zurückzukehren.

41 Limbergalm
Ruhige Almwanderung im Schattberg-Liftrevier

Igelsberg – Jausernalm – Limbergalm – Marxten-Hochalm – Brandlalm – Ramernalm – Moserweg – Jausern

Talort: Saalbach, 1003 m.
Ausgangspunkt: Bushaltestelle Igelsberg, 1017 m.
Höchster Punkt: Marxten-Hochalm, 1809 m.
Gehzeit: Jausern – Limbergalm 2 Std., Limbergalm – Marxten-Hochalm 1 Std., Marxten-Hochalm – Ramernalm 1 Std., Ramernalm – Jausern ¾ Std, gesamt 5 Std.
Einkehrmöglichkeiten: Limbergalm, 1743 m, Marxten-Hochalm, 1809 m, Ramernalm, ca. 1180 m.
Sehenswertes: Landschaftlich schöne Wanderung über Almen und über den Löhnersbach-Graben.

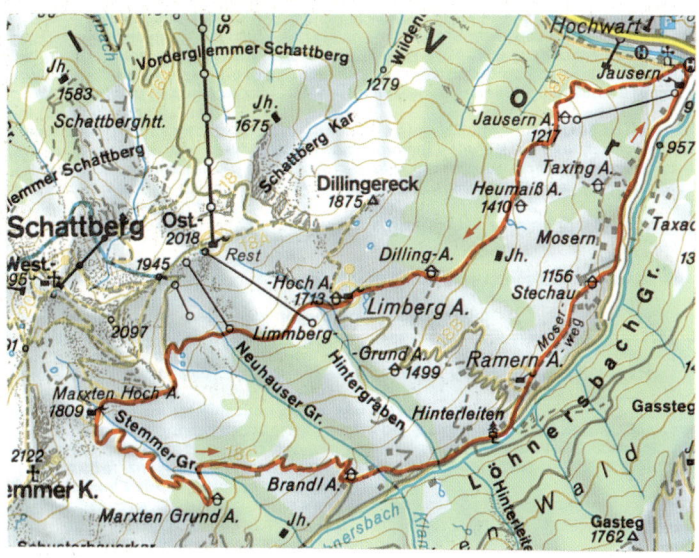

Bei der Bushaltestelle in **Igelsberg** überqueren wir die Hauptstraße und halten uns alsbald auf dem Steig, der nach rechts zur **Jausernalm**, 1217 m, hinaufführt. Der Steig führt leicht ansteigend weiter zur Heumaißalm, 1410 m, und zur Dillingalm, ca. 1570 m. Von hier gelangt man in kurzer Zeit zur Jausenstation **Limbergalm**, 1713 m. Von dieser Alm besteht eine Abstiegsmöglichkeit über den Güterweg in den Löhnersbach-Graben. Ande-

Nach der Schneeschmelze erobern Krokusse die fahlen Wiesen.

rerseits kann man von hier auch nach Norden zum Dillingereck, 1875 m, und von dort zur Gipfelstation der Schattbergbahn aufsteigen.
Wir aber wählen einen anderen Weg, der von der Limbergalm in westlicher Richtung zum Gasthof **Marxten-Hochalm**, 1809 m, führt – unterwegs vereinigt sich unser Weg mit einem vom Schattberg kommenden Weg, hier links halten.
Der **Abstiegsweg** führt uns über die Marxten-Grundalm und die **Brandlalm** zurück zum Löhnersbach-Graben, den man talauswärts auswandert. Dabei kann man kurz zur **Ramernalm** ansteigen und über den **Moserweg** zurück nach Igelsberg gehen.

42 Saalbachkogel, 2091 m
Ruhiger Weg auf einen vielbesuchten Gipfel

Hintermayr-Haus – Huberalm – Baumposriedel – Hackelberger Seen – Saalbachkogel – Hacklberger Alm – Stiegeralm – Hintermayr-Haus

Talort: Hinterglemm, 1074 m.
Ausgangspunkt: Fritz-Hintermayr-Haus, 1320 m (geöffnet Anfang Dezember bis Mitte Oktober, Tel.: 0 65 41/ 326).
Höchster Punkt: Saalbachkogel, 2091 m.
Gehzeit: Hinterglemm – Hintermayr-Haus ¾ Std., Hintermayr-Haus – Saalbachkogel 2 Std., Gipfel – Hintermayer-Haus 2 Std, gesamt 4½ Std.
Einkehrmöglichkeit: Keine.
Sehenswertes: Die idylischen Hackelberger Seen, wo man auf den Pinzgauer Spaziergang trifft (vgl. Tour 13).

Bei den Hacklberger Seen – rechts der Saalbachkogel.

Unterhalb der **Hintermayr-Hütte** den Bach überqueren und kurz talauswärts halten, bis ein Forstweg nach rechts abzweigt. Kurz vor dem Forstweg zweigt ein Steig rechts ab, der aber bald wieder den genannten Forstweg erreicht. Dieser Aufstieg wird „Fritz-Memmler-Weg" genannt und führt zur **Huber-Grundalm**. Auf einem Steig weiter zur Huber-Hochalm, ca. 1735 m. Von der Alm leitet ein Steig südwärts in Richtung Medalkogel hin-

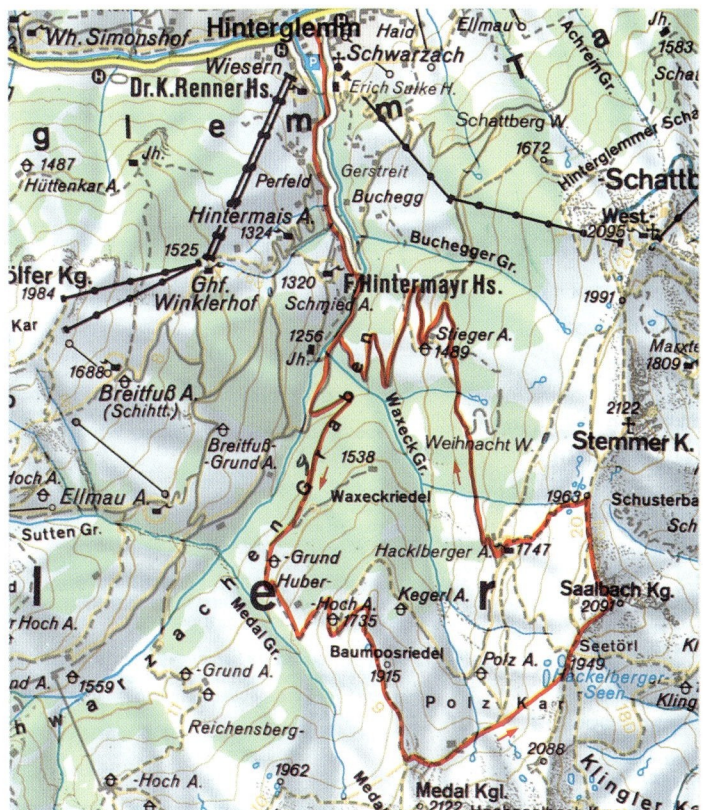

auf. Diesem Rücken folgend, über den **Baumposriedel**, 1915 m, bis unterhalb des Gipfelaufbaus ein Steig nach links in das Polzkar leitet. Auf diesem Weg erreichen wir die herrlich gelegenen **Hackelberger Seen**, 1949 m. Für die Gipfelbesteigung wandert man an den Seen vorbei über die Grasmatten nach Norden und das letzte Stück über ein steiniges Steiglein hinauf zum höchsten Punkt des **Saalbachkogels**, 2091 m.

Für den **Abstieg** überschreitet man den Gipfel in die nördliche Scharte, 1963 m, und steigt zur **Hacklberger Alm**, 1747 m, ab. Von dieser Alm leitet der Weg über die **Stiegeralm** in den Schwarzachengraben hinunter und in kurzer Zeit zurück zum Ausgangspunkt.

43 Hohe Penhab, 2112 m
Heimlicher Mittelpunkt des Glemmtales

Hintermayr-Haus – Gasthof Winklerhof – Breitfußalm – Zwölferkogel – Hohe Penhab – Ellmaualmen – Hintermayr-Haus

Talort: Hinterglemm, 1074 m.
Ausgangspunkt: Fritz-Hintermayr-Haus, 1320 m (geöffnet von Anfang Dezember bis Mitte Oktober, Tel.: 0 65 41/ 326).
Höchster Punkt: Hohe Penhab, 2112 m.
Gehzeit: Hinterglemm – Hintermayr-Haus ¾ Std., Hintermayr-Haus – Winklerhof ¾ Std., Winklerhof – Zwölferkogel 1¼ Std., Zwölferkogel – Hohe Penhab ½ Std., Hohe Penhab – Hintermayr-Haus 1½ Std., gesamt 4½ Std.
Einkehrmöglichkeiten: Gasthof Winklerhof, 1525 m, Breitfußalm, 1688 m, Ellmaualm, ca. 1500 m.
Sehenswertes: Vor allem vom Zwölferkogel schöner Überblick über das Glemmtal.

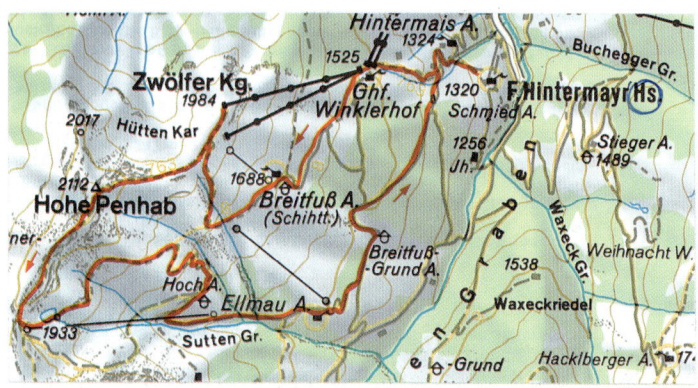

Vom **Hintermayr-Haus** leitet der Steig in nordwestlicher Richtung bergauf. Nach dem Überschreiten eines Baches trifft man auf einen Steig der vom Tal heraufkommt und gemeinsam mit unserem Weg zum Gasthaus **Winklerhof**, 1525 m, führt. Hier, bei der Mittelstation des Liftes, wendet sich der Weiterweg von den Liftanlagen ab und zieht in südlicher Richtung, erst im letzten Teil steiler ansteigend, zur **Breitfußalm**, 1688 m. In der eingeschlagenen Richtung weiter, ehe hinter einem Bachgraben der Weg zum berühmten Skigipfel des **Zwölfers**, 1984 m, nach rechts abzweigt. Über den Verbindungsrücken bummelt man in aussichtsreicher Höhe gegen Südwesten zum höchsten Punkt der **Hohen Penhab**, 2112 m.
Für den **Abstieg** überschreiten wir den Gipfel und steigen in die südlich gelegene Scharte hinab. Von dieser nach Osten zu einem kleinen See. Entlang des hier beginnenden Forstweges kann man nun auf verschiedenen

Wegen zum Hintermayr-Haus talwärts wandern. Die günstigste Wegführung leitet über die **Ellmaualmen** und die Breitfuß-Grundalm zu einer Kehre, bei der man wieder auf den bekannten Anstiegsweg gelangt.

Blick auf Hohe Penhab (links) und Zwölferkogel (rechts).

44 Panoramaweg Schwarzachengraben
Panoramaweg zum Ausblick Sommertor

Hintermayr-Haus – Breitfuß-Grundalm – Ellmaualmen – Panoramaweg – Sommertor – Reichensbergalmen – Hintermayr-Haus

Talort: Hinterglemm, 1074 m.
Ausgangspunkt: Fritz-Hintermayr-Haus, 1320 m (vgl. Tour 43).
Höchster Punkt: Sommertor, 1964 m.

Gehzeit: 4½ Std.
Einkehrmöglichkeit: Ellmaualm, 1500 m.
Sehenswertes: Freier Ausblick zu den Eisgipfeln der Hohen Tauern.

Vom Hintermayr-Haus wandern wir zunächst auf dem Weg in Richtung Gasthof Winklerhof (Mittelstation Zwölferbahn), vgl. Tour 43. Diesmal jedoch nicht bis zur Mittelstation ansteigen, sondern bei der ersten Wegkreuzung links ab und auf dem Almweg rechtshaltend über die **Breitfuß-Grundalm** zur **Ellmaualm**. Von der Alm in westlicher Richtung zum Medal-Graben und an dessen Nordseite bergwärts zur Hochalm. Bei der Alm nach

Haflingerstute mit Fohlen auf der Bergweide.

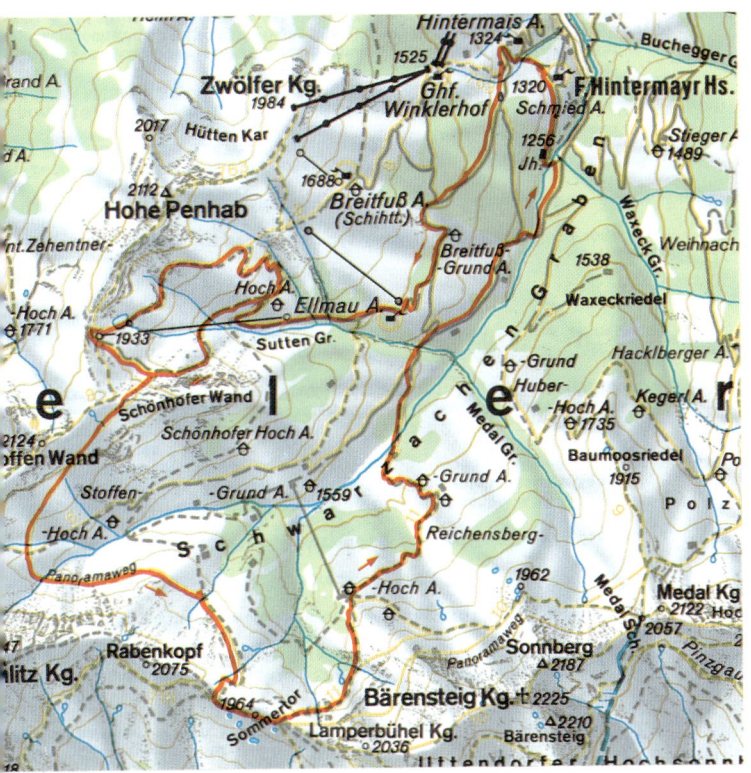

links und zur Scharte westlich der Schönhofer Wand ansteigen. Südlich dieser Scharte zieht der „**Panoramaweg**" in weitem Bogen unterhalb der Gipfel des Manlitzkogels und des Rabenkopfes nach Osten zum **Sommertor**, 1964 m. Von hier bieten sich dem Gipfelsammler zwei leicht „mitzunehmende" Gipfel an: der Rabenkopf, 2075 m, und der Lamperbühelkogel, 2035 m.

Unsere Wanderung setzt sich, der Markierung 11 folgend, talwärts zur **Reichensberg-Hochalm** fort. Der weitere Abstieg zieht hinunter zur Reichensberg-Grundalm und von hier in den Schwarzachen-Graben hinab. Nach dem Überqueren des Baches erreicht man die Almstraße, die talauswärts zum **Hintermayr-Haus** zieht.

45 Alexander-Enzinger-Weg
Hochalpine Höhenwanderung zum Fuß des Kitzsteinhorns

Gasthof Glocknerblick – Drei-Wallner-Höhe – Schoppachhöhe – Stangerhöhe – Krefelder Hütte – Geißstein – Salzburger Hütte

Talort: Kaprun, 786 m.
Ausgangsort: Gasthof Glocknerblick, 1670 m.
Höchster Punkt: Krefelder Hütte, 2302 m.
Gehzeit: Gasthaus Glocknerblick – Krefelder Hütte 3½ Std., Krefelder Hütte – Salzburger Hütte 1 Std.
Einkehrmöglichkeiten: Gasthaus Glocknerblick, 1670 m, Krefelder Hütte, 2295 m (Tel.: 06547/8621361), Salzburger Hütte, 1867 m (Tel.: 06549/349).
Sehenswertes: Landschaftlich beeindruckende Wanderung in hochalpiner Umgebung; Tiefblick vom Geißstein auf die beiden Stauseen des Kapruner Tales.

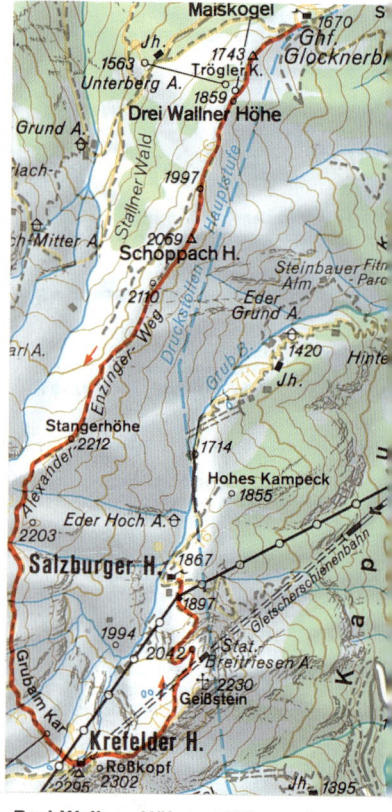

Von der Bergstation, 1450 m, der Maiskogelbahn zu Fuß in südwestlicher Richtung über den Gratrücken zum Gasthaus **Glocknerblick**, 1670 m. Der **Alexander-Enzinger-Weg** leitet direkt über den Grat, der zum 2516 Meter hohen Bombachkopf zieht. Der Weg ist ausgezeichnet markiert, jedoch nicht ungefährlich, da er immerhin in eine Höhe von knapp 2300 Meter vorstößt und sich unterwegs keine Abstiegsmöglichkeit bietet. Die freien Ausblicke reichen über das Salzachtal, die daran anschließenden Grasberge der Kitzbühler Alpen und die Gletscherberge um das Kapruner Tal im Süden.

Man folgt dem Gratrücken über die **Drei-Wallner-Höhe**, 1859 m, die **Schoppachhöhe**, 2069 m, bis hin zur **Stangerhöhe**, 2212 m. Knapp südwestlich dieser Gipfelerhebung verläßt man den Grat nach Süden und quert das Grubalmkar hinüber zur **Krefelder Hütte**, 2295 m.

Von der Hütte wenden wir uns nach Norden und steigen die knapp 440 Höhenmeter zur **Salzburger Hütte** ab, die sich bei der Mittelstation der Kitzsteinhornbahn befindet. Trittsichere sollten dabei nicht darauf verzichten den aussichtsreichen Geißstein zu besuchen. Von der Salzburger Hütte mit Hilfe der Seilbahn talwärts zur Talstation und mit dem Bus zurück zum Ausgangspunkt.

Schusternagerl und Blauer Enzian.

46 Gleiwitzer Hütte, 2174 m 47
Leicht erreichbare Bergunterkunft über der Großglockner-Hochalpenstraße
Fusch – Hirzbachalm – Gleiwitzer Hütte – Fusch

Talort: Fusch an der Glocknerstraße, 811 m.
Ausgangspunkt: Kirche bzw. Bushaltestelle.
Höchster Punkt: Gleiwitzer Hütte, 2174 m.

Gehzeit: Aufstieg 3½, Abstieg 2 Std. H.
Einkehrmöglichkeit: Gleiwitzer Hütte, 2174 m (geöffnet von Mitte Juni bis Mitte September, Tel. im Tal: 06542/77094).
Sehenswertes: Leicht erreichbare, hochalpine Alpenvereinshütte.

Besondere Bedeutung erhielt Fusch durch den Bau der Großglockner-Hochalpenstraße in den Jahren zwischen 1930 und 1935. Allerdings sorgte das Gebiet auch früher schon für Aufsehen aufgrund seiner Goldvorkommen – bereits im 16. Jahrhundert wurde im Hirzbachtal Gold abgebaut (bis 1863). Im vorigen Jahrhundert erreichte die Kuranstalt in Bad Fusch mit ihren 11 Heilquellen eine beachtenswerte Bedeutung. Zu den prominentesten Kurgästen dieser Anstalt zählte Fürsterzbischof Kardinal Schwarzenberg, der 1841 das Große Wiesbachhorn bestieg. Dieser Gipfel südlich des Ortes zählt zu den schönsten Berggestalten der Ostalpen.

Von der Kirche in **Fusch** über die Straße, den Hirzbach überqueren und am Bach bergauf. Dieser Steig leitet zum Gasthaus Bärenwirt. Bevor der Weg jedoch zu fallen beginnt, wendet man sich nach rechts (Nordwesten) und folgt dem Steig weiter aufwärts. Über mehrere Serpentinen zieht der Anstieg hinauf zum Feistalpl, 1283 m, hoch über dem Graben des Hirzbachs. Der Markierung 725 folgen wir bis zum Ende der Schlucht und wechseln dort auf die Nordseite des Tales. Auf dieser Seite nun am Bach entlang weiter aufwärts zur **Hirzbachalm**, 1715 m. Alsbald windet sich unser Weg über zahlreiche Serpentinen durch das Zwinggehänge zur **Gleiwitzer Hütte**, 2174 m, hinauf. Es empfiehlt sich, auf dem bekannten Anstiegsweg nach Fusch zurückzukehren.

Blick von der Brandlscharte auf Gleiwitzer Hütte und Hohe Tauern.

47 Imbachhorn, 2470 m

retour 46

Der Hausberg der Gleiwitzer Hütte

Gleiwitzer Hütte – Südliche Brandlscharte – Nördliche Brandlscharte – Imbachhorn – Wachtbergalm – Judendorfer Alm – Judendorf – Schnablerhof – Fusch

Talort: Fusch an der Glocknerstraße, 811 m.
Ausgangspunkt: Gleiwitzer Hütte, 2174 m.
Höchster Punkt: Imbachhorn, 2470 m.

Gehzeit: Aufstieg von der Gleiwitzer Hütte 1½ Std.; Abstieg ins Tal 3-4 Std.
Einkehrmöglichkeit: Gleiwitzer Hütte (siehe Tour 46).
Sehenswertes: Aussichtsreicher Gipfel.

Die Besteigung des Imbachhorns stellt einen Höhepunkt dieses Wanderführers dar. Beachtet werden muß dabei allerdings, daß diese „Wanderung" nicht im Talbereich verläuft, sondern daß wir uns hier auf einer luftigen Schneide bewegen, die knapp gegen 2500 Meter hinaufführt. Dies bedeutet, daß die Ergänzung „leicht" eben mit den Faktoren zu beachten ist, die in solchen Höhen bedacht werden müssen: Wetterumsturz, Wind, Temperatursturz – auch im Sommer.

Außerdem sollte nicht der Hinweis fehlen, daß es sich bei dieser Wande-

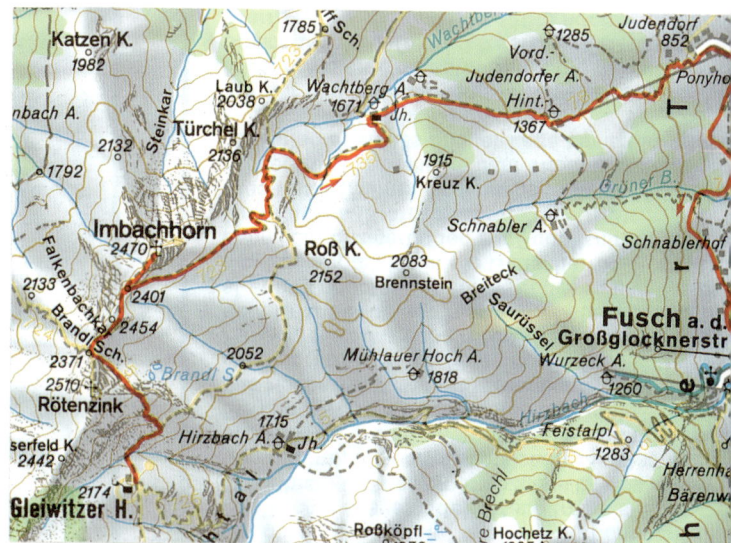

Ausblick vom Imbachhorn auf das Unterpinzgau.

rung um eine 2-Tages-Tour handelt, da unser Ausgangspunkt, die Gleiwitzer Hütte, erst einmal erstiegen werden muß (3½ Std. von Fusch, siehe Tour 46). Der geringe Höhenunterschied zwischen Hütte und Gipfel, 296 Höhenmeter, sollte zudem in keinem Fall darüber hinwegtäuschen, daß wir ein hochalpines Unternehmen angehen, dem ein anstrengender Abstieg über 1600 Höhenmeter folgt. Darum sollten nur konditionsstarke und geübte Wanderer diese Wanderung in Angriff nehmen.

Von der **Gleiwitzer Hütte**, 2174 m, auf dem Weg in nördlicher Richtung bis zu einer Wegteilung. Hier links aufwärts zum Sattel, 2300 m, im Ostrücken des Rötenzink und nördlich davon zur **Südlichen Brandlscharte**, 2371 m. Der markierte Weg leitet von der Scharte über den ansetzenden Grat in nordöstlicher Richtung über den Punkt 2454 zur **Nördlichen Brandlscharte**, 2401 m, und in kurzer Zeit zum höchsten Punkt des **Imbachhorns** hinauf. – Nun steht der Wanderer vor der Entscheidung, ob er den Abstieg in zwei Etappen (Abstieg auf dem Aufstiegsweg bei Übernachtung in der Gleiwitzer Hütte) oder noch am selben Tag bewältigen will. Immerhin müssen im Abstieg 1600 Höhenmeter überwunden werden – kein Vergnügen für Knie und Bandscheiben! Wer noch am selben Tag absteigen will geht am günstigsten über die **Wachtbergalm**, 1671 m, und **Judendorf** zurück nach Fusch.

48 Pinzgauer Talwanderung
Bequemer Talspaziergang mit unzähligen Variationen
Piesendorf – Steindorf – Uttendorf – Mittersill

Talort: Jeder Ort im Oberen Pinzgau kann als Talort gewählt werden.
Ausgangspunkt: Am günstigsten die Stationen der Pinzgauer Lokalbahn.
Gehzeit: Je nach Wegstrecke – im schlimmsten Fall bestimmt der Fahrplan die Dauer der Wanderung.
Einkehrmöglichkeiten: Zahlreiche Gasthäuser im Talbereich und Jausenstationen an den Berghängen.
Sehenswertes: Zahlreiche kulturelle Sehenswürdigkeiten am Weg.

Im Zusammenhang mit diesem Tourenvorschlag möchte ich darauf hinweisen, daß es möglich ist, von Zell am See mit der Bahn oder dem Bus nach Krimml zu fahren und von dort aus das einzigartige Schauspiel der **Krimmler Wasserfälle** zu erwandern. Diese über drei Abbrüche mit einer Gesamthöhe von 380 Meter herabstürzenden Wasserfälle wurden bereits 1961 zum Naturdenkmal erklärt und in der Folge 1967 vom Europarat mit dem europäischen Naturschutzdiplom „geschützt". Bis zu den Krimmler Wasserfällen reicht auch der **Nationalpark Hohe Tauern**, der 1971 ins Leben gerufen und 1983 von den Bundesländern Salzburg und Kärnten durch Nationalparkgesetze rechtlich abgesichert wurde. – Leider hat der Nationalpark noch nicht seinen ursprünglich angestrebten Umfang erreicht, da das Bundesland Tirol wegen eines Kraftwerkprojekts die gesetzliche Absicherung verzögert. Ziel dieses Nationalparkes ist es, durch Pflege und Schutz der Kultur- und Naturlandschaft die häufig weitgehend unberührten Gebiete und deren Erholungswert zu erhalten – deshalb wird in den meisten Ferienorten des Oberen Pinzgaus auch ganz besonders auf die Verträglichkeit des Fremdenverkehrs mit den Prinzipien des „Sanften Tourismus" geachtet.

Darum empfiehlt es sich für den Wanderer im Oberen Pinzgau auf das Auto zu verzichten und stattdessen auf das umweltschonende, sicherlich aber auch gemütlichere und anregendere Angebot der Pinzgauer Lokalbahn zurückzugreifen und mit Fahrplan und Karte seine eigene Wanderung zusammenzustellen – vielleicht ist dies auch schon der Anstoß zu einem neuen Erlebniswert?

Heuhütten im Salzachtal.

49 Rudolfshütte, 2352 m
Ein Mahnmal unserer übererschlossenen Alpen

Enzingerboden – Sametjoch – Schafbichl – Rudolfshütte – Französachalm – Grünsee – Enzingerboden

Talort: Uttendorf, 804 m.
Ausgangspunkt: Alpengasthof Enzingerboden, 1474 m.
Höchster Punkt: Alpinzentrum Rudolfshütte, 2352 m.
Gehzeit: Enzingerboden – Sametjoch 2 Std., Sametjoch – Rudolfshütte 1½ Std., Rudolfshütte – Enzingerboden 2½ Std., insgesamt 5 Std.
Einkehrmöglichkeit: Rudolfshütte, 2352 m (ganzj. geöffnet).
Sehenswertes: Landschaftlich reizvoller Aufstieg mit schönen Ausblicken.

Im vergangenen Jahrhundert galt das Grubachtal als eines der sehenswertesten Alpentäler. Diese Tatsache verleitete auch Kronprinz Rudolf dazu, 1874 der ersten Unterkunftshütte an diesem Platz, seinen Namen zu geben. Ob die Bezeichnung „Hütte" heute noch den Tatsachen entspricht, soll sich jeder Besucher selbst beantworten. Die ruhigen Zeiten im Tal sind jedenfalls vorbei, dazu wurde es durch die vielen technischen „Einbauten" doch zu sehr verändert. Ursprünglich war es dicht bewaldet, die Halleiner Saline schlug aber große Blößen in das Tal. – In der jüngeren Vergangenheit wurde bereits darüber nachgedacht, den Liftbetrieb zur Rudolfshütte wegen seiner mangelnden Rentabilität einzustellen, inzwischen aber scheint die Zukunft der Bahn vom Enzingerboden zum Alpinzentrum am Weißsee gesichert zu sein. Trotzdem wird an dieser Stelle eine Rundwanderung ohne Bahnbenützung vorgestellt. Der Anstieg folgt dabei dem steileren Weg über das Sametjoch und den Schafbichl, für den Abstieg wird die etwas flachere Variante gewählt. Es geht vom **Enzingerboden** – links der Talstation – an der Südseite des Baches über Serpentinen steil bergauf zum **Sametjoch**, 2002 m. Der Weiterweg zieht in einem großen Bogen um den Nordabfall des Sprengkogels herum und erreicht den Tauernmoossee, 2054 m. An der Westseite des Sees führt der Anstieg zur Niederen Scharte, 2095 m. Knapp südlich davon kann man sich entscheiden, ob man dem See entlang und schließlich gegen Südwesten zur Hütte ansteigt, oder ob man die Gipfel des **Schafbichls** überschreitet und so zum Alpinzentrum **Rudolfshütte** gelangt.

Der **Abstieg** verläuft entlang des Austriaweges, über die **Französachalm** und den **Grünsee**, zum Enzingerboden.

Heli-Einsatz an der Rudolfshütte.

50 Pinzgauer Radwanderweg
Auf zwei Rädern durch den Pinzgau

Neukirchen – Hollersbach – Niedernsill – Kaprun – Bruck an der Glocknerstraße – Taxenbach

Talort: Alle genannten Orte können als Talorte gewählt werden.
Ausgangspunkt: Siehe oben.
Fahrzeit: Nach Lust und Laune (für die Rückfahrt kann man auf das Angebot der Pinzgauer Lokalbahn zurückgreifen).
Einkehrmöglichkeiten: Viele Gasthäuser entlang des Radweges, teilweise auch Fahrradverleihstellen (bei den Verkehrsämtern oder Bahnhöfen erkundigen).
Sehenswertes: Die hübschen, oft noch weitgehend unverdorbenen Ortschaften des Oberen Pinzgaus; die Radwege verlaufen meist abseits der größeren Straßen.

Nachfolgend soll in aller Kürze der Pinzgauer Radwanderweg beschrieben werden, der durchgehend markiert und daher auch leicht aufzufinden ist. Der westliche Endpunkt des bisher ausgebauten Radwanderweges ist **Neukirchen am Großvenediger**. Von hier ausgehend führt die Route nach Bärngärten und Weyer – hier wird die neue Bundesstraße überquert. An der nördlichen Talseite geht es weiter, vorbei an Bramberg, bis nach **Hollersbach**. In Hollersbach wird die Salzach überquert, dem südlichen Salzachufer entlang führt uns der Radwanderweg nach Mittersill. Hier weiter bis nach Wilhelmsdorf und, erneut die Talseite wechselnd, über Stuhlfelden nach Uttendorf. Östlich dieses Ortes leitet der Radwanderweg wieder auf die Südseite des Tales und führt – meist im Bereich der Salzach – nach **Niedernsill**. Nun zieht der Radweg nach Piesendorf hinüber und am östlichen Ortsende wieder zurück zur Südseite des Tals und nach **Kaprun**. In der großen, moorigen Ebene nordöstlich von Kaprun besteht die Möglichkeit, nach Zell am See zu fahren oder aber, der Markierung folgend,

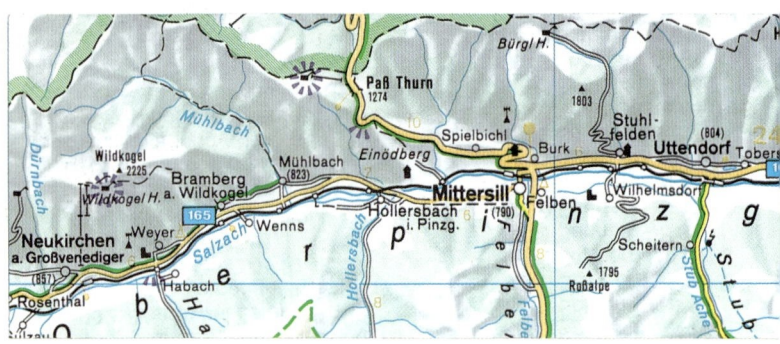

Bachdurchquerung – einmal anders.

nach Osten über **Bruck** an der Glocknerstraße bis zum östlichen Ausbauende bei **Taxenbach** (an der Salzach). Abschließend möchte ich noch darauf hinweisen, daß sich hier am Ende des Radwanderweges die 1877 begehbar gemachte Kitzlochklamm befindet, für deren Begehung 2 Stunden Gehzeit gerechnet werden können – eine nette Kombinationsmöglichkeit und die ideale Abwechslung zum allzu monotonen Strampeltakt.

Kein Wunder, es ist GORE-TEX®

GORE-TEX® ist ein eingetragenes Warenzeichen der W. L. GORE & Associates

Beim Klettern, Bergsteigen und Wandern jeden Augenblick genießen! Sich auch bei Wind und Wetter immer warm und trocken, fit und leistungsfähig fühlen. Kleidung mit GORE-TEX®-Funktion sorgt für perfekten Wetterschutz und bestmöglichen Klima-Komfort. Dafür steht die GORE-TEX® Jahresgarantie.

Stichwortverzeichnis

Die Zahlen hinter den einzelnen Begriffen geben die Tourennummer(n) an.

Alexander-Enzinger-Weg 45
Alpenrosenweg 38
Asitzkogel 33, 34

Bad Neunbrünnen 11
Bernkogel 32
Bieberg 37
Bochumer Hütte 24
Breiteckalm 4
Bruck 5, 6
Bruckberg 5
Butterlehen 17
Bürglalm 22, 25
Bürglhütte 18, 19, 20, 21
Bürglkopf 32

Dachsgut, Jausenstation 6
Drei-Wallner-Höhe 45

Ebenbergalm 3
Ebner Scharte 8
Einödhof 5
Enzingerboden 49
Erlhofplatte 6, 7

Fritz-Hintermayr-Haus 42, 43, 44
Fusch 46, 50
Fürth 5

Gaißstein 21
Gamshag 25
Geißstein 45
Gleiwitzer Hütte 46, 47
Glocknerblick, Gasthof 45
Grünsee 49

Hackelberger Seen 13, 42

Hausberger Alm 35
Hasenauer Köpfl 29
Hecherhütte 36, 39
Henlabjoch 26, 27
Hinterglemm 29
Hochalmspitze 28
Hochbrack, Jausenstation 16
Hochtor 25
Hohe Penhab 43
Höhenpromenade 12
Huggenbergalm 33, 34, 37
Hundstein 8

Igelsberg 41
Imbachhorn 47

Jahnhütte 36
Jausern 40

Kammer Schloß 10
Kaprun 5, 50
Karl-Vogt-Weg 5
Kastelstein 28
Klammscharte 13
Klinglertörl 13
Kohlmaiskopf 33, 34
Köhlgrabenweg 2
Krefelder Hütte 45
Kreuzerlehen 35

Lengau 27
Liebenberg, Gasthaus 17
Limbergalm 41
Lindlingalm 22, 24, 25, 26
Lochalm 36

Maishofen 10
Maishofener Höhenweg 10

Manlitzkogel 18
Mardeckkogel 33, 34
Marxten-Hochalm 41
Mittagskogel 18, 23
Mitterberghof, Jausenstation 9
Mitterlengau 19, 23, 28
Mittersill 48
Moosalm, Jausenstation 6
Moserweg 41
Murnauer Scharte 18, 19, 23

Neubrünner Höhenweg 11
Niedernsill 50
Niedernsiller Hochsonnberg 16
Nikolaus-Geßner-Promenade 3

Oberreiter Joch 26

Panoramaweg 44
Piesendorf 5, 14, 48
Piesendorfer Hochsonnberg 15
Pinzgauer Hütte 13, 14
Pinzgauer Spaziergang 13
Prielau, Schloß 1, 10

Rabenkopf 18
Radwanderweg 50
Ratzensteinhöhe 11
Rehrenbergalm 39
Reichkendlkopf 28
Reiteralm 29
Reiterkogel 29
Rescheskogel 20
Rohrerberg 15
Rohrertörl 13, 15
Ronachköpfl 8
Rosswegscharte 20
Rottenbachgut 39

Rudolfshütte 49
Rupertihaus 8

Saalalm 25
Saalachtaler Höhenweg 33, 34
Saalbach 30, 40
Saalbacher Höhenrundweg 30
Saalbachkogel 13, 42
Saalhofalm 19, 22, 23
Saaljoch 24
Salersbachköpfl 12, 35
Salzburger Hütte 45
Sametjoch 49
Sausteigen 36
Sausteigenalm 36
Schabergkogel 33, 34
Schafbichl 49
Schattberg 13
Schmittenhöhe 4, 12
Schoppachhöhe 45
Schönangerl 37
Schönwieskopf 9
Schusterkogel 22
Schusterscharte 22, 25
Schwalbenwand 9
Seepromenade 1, 5
Sintersbachscharte 20
Sommertor 18, 44
Sonnbergpromenade 2
Sonnbergtörl 15
Sonnkogel 12
Sonnseitpromenade 40
Sonnspitze 27
Spielberghaus 30, 31, 32
Spielberghorn 31, 33, 34
Spielbergtörl 31, 33, 34
Spieleckkogel 27, 28
Staffkogel 26
Stangerhöhe 45
Statzer Hütte 8

Steindorf 16, 48
Stemmerkogel 13
Stoffenscharte 23

Teufelssprung 25
Thumersbach 1, 7, 8, 9, 10
Tor 24, 25
Torsee 25
Tristkogel 25

Uttendorf 17, 48
Uttendorfer Hochsonnberg 17

Viehhofen 35, 36, 39
Viertelalm, Jausenstation 17

Walchen 15
Wallegg 28
Wallegger Alm 28
Wallinger Steig 10
Weikersbach 38
Weikersbacher Köpfl 33, 34, 38
Wetterkreuz 29
Wildenkarkogel 33, 34
Winklerhof, Gasthaus 43

Zehentner Stange 18, 29
Zell am See 1, 2, 3, 4, 5, 50
Zwölferkogel 43

Und wohin nach der Bergtour?

Zum Brotzeitmachen mit vielen hausgemachten Schmankerln ins Gasthaus zur Post nach Schneizlreuth

Alpengasthaus zur Post
8230 Schneizlreuth
Inh. Hans Weber
Tel. 08651/4165

Rother Lehrschriften

- Bergwandern – Bergsteigen
- Grundschule zum Bergwandern
- Mit Kindern in die Berge
- Spiele unterwegs
- Wetter und Bergsteigen
- Anwendung des Seiles
- Orientierung im Gebirge
- Bergrettungstechnik
- Lawinen
- Tourenskilauf
- Alpines Wildwasserfahren
- Alpine Seiltechnik
- Alpine Felstechnik
- Alpine Eistechnik
- Sicher Eisklettern
- Sicher Freiklettern

Bergverlag Rudolf Rother · Landshuter Allee 49 · 8000 München 19

Hüttenwandern in Südtirol

Franz Hauleitner – selbst maßgeblich an der Konzeption der Dolomiten-Höhenwege beteiligt – präsentiert Einmaliges: Alle 10 bisher geschaffenen Weitwanderwege in den Dolomiten in einem farbig illustrierten Bildband und im handlichen Führerformat.

Franz Hauleitner
Das große Buch der Dolomiten-Höhenwege
272 Seiten – Best.-Nr. 7239
DM 78,–

Franz Hauleitner
Dolomiten-Höhenwege 1–3, 4–7, 8–10
mit farbigen Kärtchen · je DM 29,80

Best.-Nr. 3331

Best.-Nr. 3369

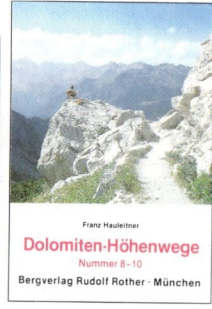

Best.-Nr. 3368

Bergverlag Rudolf Rother
Landshuter Allee 49 · 8000 München 19

Südtirol für Bergwanderer

Südtirol 1 Gebietsführer für Vinschgau, Ultental und Mendelkamm, Best.-Nr. 3304

Südtirol 2 Gebietsführer für Südliche Stubaier Alpen, Texelgruppe und Sarntaler Alpen, Best.-Nr. 3305

Südtirol 3 Gebietsführer für die Berge nördlich des Pustertals, Best.-Nr. 3300

Südtirol 4 Gebietsführer für Rosengarten, Latemar, Schlern, Seiser Alm, Langkofel, Sella, Puez, Col di Lana, Peitlerkofel, Geisler und Plose, Best.-Nr. 3303

mit farbigen Übersichtskärtchen und plastifiziertem Einband
— je DM 34,80 —

Bergverlag Rudolf Rother
Landshuter Allee 49 · 8000 München 19

Berühmte Gipfel der Ostalpen

Christoph Stiebler
Spurensuche einst und jetzt
Anstiege auf berühmte Gipfel
der Ostalpen
Best.-Nr. 7244

Dieser prächtig ausgestattete Bildband stellt die 50 schönsten und bekanntesten Gipfel unserer Ostalpen vor – Paradeberge, von denen jeder Alpinist träumt und die man „gemacht haben muß". Es sind lebendige Ersteigungsgeschichten und Bergportraits, die uns Christoph Stiebler erzählt, verbunden mit so manchem Tip für den eindrucksvollsten Anstieg und die gemütlichste Hütte.

Bergverlag Rudolf Rother · München